RAD
VERGNÜGEN

OSTSEEKÜSTE
SCHLESWIG-HOLSTEIN

21 ¹/₂ TAGESTOUREN
FEIERABEND-RIDES
WOCHENEND-BIKEAWAYS

EINFACH RAUS!

NICOLE RAUKAMP

ist gebürtiges Nordlicht, wuchs in Mittelholstein auf, lebte in Kiel, Laboe und Flensburg an der Ostsee und ist heute „digitale Nomadin". Die zwei- und vierfüßigen Mitbewohner ihrer Heimat – schnatternde Gänse, freche Möwen und grasende Schafe – braucht sie zum Glücklichsein. Sie entdeckt ihre Heimat mit viel Freude immer wieder neu, ob Küste oder Binnenland, ob radelnd, wandernd oder segelnd.

FEIERABEND-RIDES

FEIERABEND RIDES

WOCHENEND BIKEAWAYS

TAGESTOUREN

DEINE ORIENTIERUNG

APP & GPX-DOWNLOAD

Alle 21 ½ Touren in der KOMPASS App: Dort findest du Livetracking, GPS-Ortung, Offline-Karten und -Touren, Navigation zum Start und viele weitere nützliche Features. Einfach QR-Code scannen und Tour starten. Los geht's!

GPX-Tracks zum Download: www.kompass.de/gpx
Für das Navigationsgerät deiner Wahl haben wir alle Touren auch als GPX-Track auf unserer Homepage.

INHALT

ALLES AUF EINEN BLICK

LIEBE LESERIN, LIEBER LESER,

das Land der Horizonte ist ja bekanntlich platt wie eine Flunder (und unsere Sprache) und damit ein Traum für gemächliche Radfahrer. Und ich gestehe, das bin ich: eine Verfechterin der entspannten Fahrt auf Meereshöhe. Jümmers ganz suutsche, immer schön langsam: Ich bleibe stehen, nur um eine Möwe zu beobachten – und bremse auch für Fischbrötchen!

Da wir Schleswig-Holsteiner dort leben, wo andere Ferien machen (und uns entsprechend glücklich schätzen), ist jede der Touren quasi ein kleiner Urlaub für dich! Ich zeige dir auf kurzen Feierabend-, abwechslungsreichen Tages- und zweitägigen Wochenendtouren die ganze Vielfalt der Ostseeküste: traditionelle Dörfer und moderne Ostseebäder, ländliche Gutshöfe und elegante Schlösser, kleine Fischerorte und große Weltkultur. Und natürlich Natur pur: Neben Stränden und naturbelassenen Steilküsten warten im Binnenland über 200 kleine und große Seen, heimelige Wälder und weich geschwungene Hügel auf dich.

Die Radtouren eignen sich für Stadt-, Trekking- und E-Bike. Wo ein Mountainbike von Vorteil ist, gehe ich darauf ein. Egal mit welchem Rad und wo – an allen Windungen ist die Küste von der auf- oder untergehenden Sonne in ein ganz zauberhaftes Licht getaucht und wartet nur darauf, entdeckt zu werden.

RAUF AUFS RAD ZUM RUNTERKOMMEN

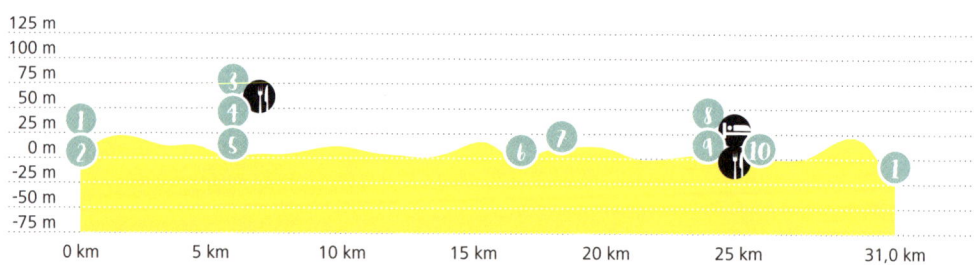

KNALLGELBE FELDER

Wenn die Rapsfelder im Frühling bis zum Horizont in spektakulär sonnengelber Blüte stehen, ist eine Radtour für mich das höchste der Gefühle!

➤ **1 /** Weltweit wohl einzigartig: der Kappelner Heringszaun

➤ **2 /** Das klappt ja! Die Schleibrücke in Kappeln

➤ **3 /** Fischbrötchen in der Schleiperle Arnis von 1894

➤ **4 /** Gerettet aus Seenot: Schiffsmodelle in der Schifferkirche zu Arnis

➤ **5 /** Ans andere Ufer mit der Schleifähre Arnis

➤ **6 /** Schwansener See: eiszeitliches Vogelparadies

➤ **7 /** Steilküste Schönhagen: Klippen über dem Bernsteinstrand

➤ **8 /** Maritimes Ostsee-Urlaubsflair in der Marina Olpenitz

➤ **9 /** Frischer geht's nicht: Fisch vom Kutter kaufen

➤ **10 /** Traum vom Segeln: Naturschutzgebiet Schleimündung

MIT DEM HERING AUF TOUR

Von *Kappeln* an die *Küste* über die *Halbinsel Schwansen*

Diese Tour führt uns durch den Norden der Halbinsel Schwansen. Südlich der Mündung der Schlei gelegen (die zum Erstaunen vieler kein Fluss, sondern ein Arm der Ostsee ist), lebt die Region von dem Kontrast aus üppigen Feldern und der offenen Ostsee. Der wahre Protagonist der Tour aber ist der Hering. Er ist eine Art Nationaltier und ein Fischbrötchen nur mit ihm wirklich echt.

Start am historischen Heringszaun

Unsere Tour startet unterhalb der Schleibrücke mit Blick auf den 1 / Kappelner Heringszaun. Der ist kein Zaun wie um eine Wiese, sondern eine Fanganlage. Kappeln ist einer der ältesten Fischereiorte Schleswig-Holsteins – und eben besonders berühmt für seinen Hering. Die Fische landen mit der Strömung in der Konstruktion aus Holzbohlen und können dort theoretisch abgefischt werden. Praktisch macht das heute keiner

31 Kilometer
85 Höhenmeter ▲
85 Höhenmeter ▼
2 Stunden
Rundtour

CHARAKTER

Sportlich ●●○○○
Abkühlung ●●●○○
Schlemmen ●●●○○
Panorama ●●●●○

TOURENINFO / Die Tour führt ausschließlich auf gut fahrbarem Asphalt mit einer Fährfahrt (Kleingeld mitnehmen) und ist auch für Kinder gut machbar. Im Winter ist die Fähre eingestellt, dann fährt man zur Querung der Schlei nach Kappeln zurück.

◄ **links / Schleswig-Holstein im Mai: knallgelbe Felder, blauer Himmel**

mehr – denn er ist denkmalgeschütztes Kulturgut und der letzte funktionstüchtige Heringszaun in ganz Europa (und vermutlich auch der Welt). Und ein hübscher Platz, mit Blick auf die Hafenpromenade von Kappeln.

Das klappt ja gut!

Wir fahren über die 2 / Schleibrücke nach Westen. Die doppelte Klappbrücke ist der vielleicht markanteste Punkt Kappelns. Sie leitet den Verkehr der Bundesstraße 203 über die Schlei und öffnet sich bei Bedarf für den Bootsverkehr. Zu unserer Rechten sehen wir Kappelns neu gestaltetes Zentrum, fahren aber weiter geradeaus, bis linker Hand das Grün der Hüholz-Teiche erscheint. Noch ein Stück weiter, dann geht es links in die Dorfstraße und Richtung Süden hinaus aus dem Städtchen.

KM 26

In der letzten Eiszeit war der Osten Schleswig-Holsteins von Eis bedeckt. Vor etwa 22.000 Jahren begann es zu schmelzen und abzufließen – ein natürlicher Klimawandel. Die traumhaften Ostsee-Landschaften wie im 10 / Naturschutzgebiet Schleimündung entstanden.

Fischeridyll in Deutschlands kleinster Stadt

Nachdem wir Grödersby passiert haben, erreichen wir Arnis. Mit weniger als 300 ständigen Einwohnern ist Arnis die offiziell kleinste Stadt Deutschlands. Das ist den Einwohnern wiederum so wichtig, dass man auf dem Ortsschild auch „Stadt Arnis" schreibt. Wat mutt, dat mutt. Der Stolz ist begründet: In den wenigen Straßen und Sackgassen stehen hübsche Häuser aus Backstein, allesamt liebevoll gepflegt und begrünt. Direkt am Fluss gelegen, ist Arnis Idylle pur. Unser zweiter Kontakt mit dem Hering ist kulinarischer Natur: In der 3 / Schleiperle Arnis von 1894 (täglich 12–18 Uhr, Dienstag Ruhetag, Strandweg 125, 24399 Arnis) gibt es dicke, selbstgebackene Brotstullen, die einen geräucherten Kräuter- oder Sherry-Matjes (junge, milde Heringe) tragen – eine gekonnte Interpretation der Spezialität des Landes. An der 4 / Schifferkirche zu Arnis von 1673 am südwestlichen Orts-, Verzeihung: Stadtende,

---

➤ rechts oben / Kappeln mit dem traditionellen Heringszaun
➤ rechts Mitte / Aufgeklappte Schleibrücke in Kappeln

KM 0

Der 1 / Kappelner Heringszaun ist der einzige Überlebende seiner Art. Der berüchtigte Schiffsbohrwurm hatte auch ihn im Visier, doch eine Sanierung mit muschelbeständigem Eukalyptusholz rettete das Denkmal aus dem 15. Jahrhundert. Nicht ganz original, aber es sichert dem Heringszaun die Zukunft.

SCHWANSEN

Die Halbinsel mit dem 6 / Schwansener See (dänisch: Swansø, Schwanensee) reicht im Osten bis zur Eckernförder Bucht, nördlich und westlich bis zur Schlei.

BESONDERE SCHIFFER-KIRCHE

fallen ihre unterschiedlichen Baustile ins Auge. Denn das Schiff, das die Backsteine für ihren Bau aus Schweden anliefern sollte, erlitt Schiffbruch. Und so improvisierte man, baute an einer Seite aus vorhandenem Backstein, auf der anderen ein Fachwerk und den Kirchturm aus Holz. Arnisser Schiffer, die aus Seenot gerettet wurden, stifteten Schiffsmodelle als Zeichen der Dankbarkeit, die im Inneren der Kirche aufgehängt sind.

Mit der Seilfähre über die Schlei

Wir fahren auf die 5 / Schleifähre Arnis. Der wortkarge, aber nette Fährmann kassiert für die kostenpflichtige Fahrt (weil die Schlei ein natürlicher Wasserweg ist) 1,50 Euro pro Person mit Rad (Achtung: im Winter kein Betrieb, von November bis März wieder zurückfahren nach Kappeln und die Schlei queren). Wir queren zum zweiten Mal die Schlei, landen in Schwansen und folgen der Straße. An der T-Kreuzung zur Landstraße biegen wir links ab. Weiter auf dem sehr kommoden Radweg, bis wir nach einer Kurve rechts auf die Brücke über die B203 abbiegen. In Karby dem Wegweiser

nach Karlberg folgen. Auf schmalen Nebenstraßen fahren wir durch lieblich-hügelige Felder.

Vogelparadies und Zeuge der letzten Eiszeit

Wir richten uns nach Norden, um zur Ostseestraße zu gelangen, um am Parkplatz kurz vor Schönhagen gleich wieder nach Süden zu fahren: Uns erwartet das Naturschutzgebiet 6 / Schwansener See, in dem sich zahlreiche Vogelarten angesiedelt haben. Der See entstand bei der Bildung der Ausgleichsküste nach der letzten Eiszeit: Sand und Geröll wurden von der Steilküste im Norden abgetragen und nach Süden verfrachtet, dort bildeten sich Sandbänke und später Dünen. Dieser Prozess ist bis heute im Gang, die artenreiche, salzwassergeprägte Lagune aber bereits seit etwa 100 Jahren vollständig vom Meer abgetrennt.

Sattel-Auszeit: Spaziergang zum Feierabend

Wir machen einen Spaziergang zur 7 / Steilküste Schönhagen (Fahrräder sind dort nicht erlaubt). Wir lassen das Rad z. B. am NABU-Aussichtspunkt stehen und gehen entweder oben auf dem Pfad oder durch den Sandstrand knapp einen Kilometer nach Norden, um die Steilküste zu erreichen. Die schroffen, von der Natur ge-

KLEINSTE STADT DEUTSCH- LANDS

Arnis hat 300 Einwohner, die in sieben Straßen (und Sackgassen) leben – und dank ihres Bürgermeisters 1934 ein Stadtsiegel erhielt – wegen ihrer Bedeutsamkeit für die Fischerei, mit Bootswerften und Handelsplätzen.

◄ links / Blick über die schöne Schlei nach Arnis ▲ oben / Steilküste Schönhagen

formten Felsen sind mit maximal 18 Metern zwar nicht die höchsten der Welt (wie nichts in Schleswig-Holstein), aber an klaren Tagen ist die Schönhagener Steilküste ein Feierabendtraum.

Weiter mit dem Rad

Wir fahren zurück auf die Ostseestraße und durch den Ferienort Schönhagen. Auf der Strandstraße geht es am Meer entlang, schnurstracks Richtung Norden. Wir schauen nebenher den Kitern zu: Da sind Profis am Werk, denn die Ostsee ist an stark windigen Tagen nichts für Zartbesaitete.

Feines, maritimes Urlaubsflair

Unser Ziel ist die 8 / Marina Olpenitz, ein ehemaliger Marinestützpunkt, der rundum modernisiert wurde und heute maritimes Ostsee-Urlaubsflair verbreitet. Rund um den zur Ostsee offenen Hafen haben sich viele Hotels und Feriendomizile angesiedelt. Wir fahren geradeaus, bis es nicht mehr geht und landen auf der Hafenpromenade. Wer das Überleben der lokalen Traditionen sichern möchte, kauft im Jachthafen 9 / Fisch vom Kutter (Mole, Zeiten variabel, www.fischvomkutter.de). Allerdings nur wenn der Fischer draußen war (meist in den frühen Morgenstunden) und was gefangen hat. Wir fahren die Promenade bis zum Ende, biegen dann nach rechts ab, fahren im Kreisel geradeaus und dann rechts nach Olpenitzdorf.

Naturschutzgebiet und Seglertraum

Ein letzter, kleiner Schlenker für den Blick auf das weite 10 / Naturschutzgebiet Schleimündung. Unser Blick verliert sich hin zum Leuchtturm und zum Meer. Offensichtlich sind auch viele Segler glücklich, in einem der schönsten Reviere in ganz Schleswig-Holstein zu sein: Viele Fahrtenboote sieht man gelassen herumschippern. Vom nächsten Segeltörn träumend radeln wir zurück nach Kappeln: Feierabend!

SCHÖN-
HAGENER
FEIERABEND-
TRAUM

TRAUM
FÜR
SEGLER

Die moderne 8 / Marina Olpenitz liegt perfekt für die Segelreviere Schlei und Ostsee – man kann bis in dänische und mecklenburgische Gewässer segeln.

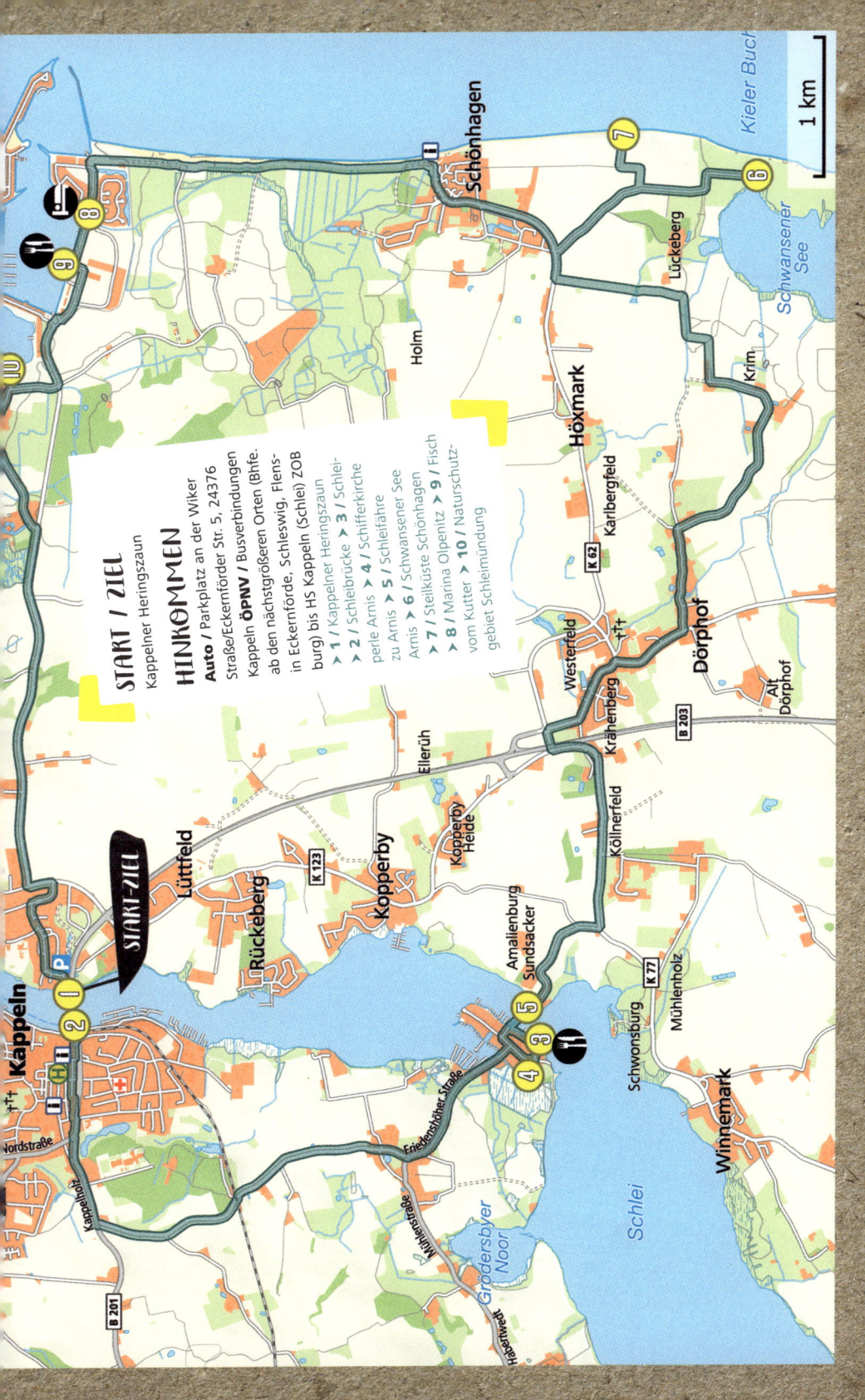

START / ZIEL
Kappelner Heringszaun

HINKOMMEN
Auto / Parkplatz an der Wiker Straße/Eckernförder Str. 5, 24376 Kappeln ÖPNV / Busverbindungen ab den nächstgrößeren Orten (Bhfe. in Eckernförde, Schleswig, Flensburg) bis HS Kappeln (Schlei) ZOB

▶ 1 / Kappelner Heringszaun ▶ 2 / Schleibrücke ▶ 3 / Schleiperle Arnis ▶ 4 / Schifferkirche zu Arnis ▶ 5 / Schleifähre Arnis ▶ 6 / Schwansener See ▶ 7 / Steilküste Schönhagen ▶ 8 / Marina Olpenitz ▶ 9 / Fisch vom Kutter ▶ 10 / Naturschutzgebiet Schleimündung

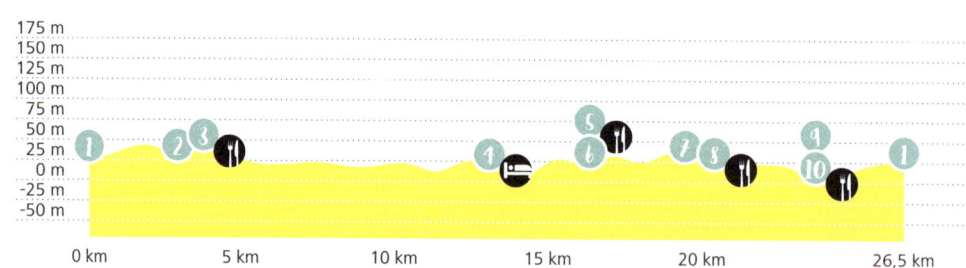

FLACHLAND UND FELDER

Möchte ich ohne große Anstrengungen einfach durch Felder und flaches, weites Land fahren und am Ende auf die Ostsee blicken, ist diese Tour ideal.

➤ **1** / „Backstein mit Prinzengruft": Dreifaltigkeitskirche Krusendorf

➤ **2** / Megalithkultur am Großsteingrab Ahrenshorster Weg

➤ **3** / Gut Birkenmoor mit Café und Hofautomat

➤ **4** / Fein übernachten im Gut Borghorst

➤ **5** / Frisch aus der Forschung: Bio-Versuchsgut Lindhof

➤ **6** / Natürlich und besonders: Einkaufen in Robs Hofladen

➤ **7** / Schloss Noer: mit Jugendarbeit gegen den Verfall

➤ **8** / Klassiker der Holsteiner Küche im entspannten Kliffhuus

➤ **9** / Biodiversität und Naturschutz: NSG Bewaldete Düne bei Noer

➤ **10** / Ausklang mit Ostseeblick in der Windbar

GANZ NATÜRLICH

Biodiversität und *Landgüter*
im *Dänischen Wohld*

Am Südufer der weiten Eckernförder Bucht beginnt der schöne Dänische Wohld – wir fahren durch den beschaulichen Teil, der kaum touristisch frequentiert ist. Natürlich gönnen wir uns auch einen Abstecher mit Ostseeblick, und wir können hier in Bio-Qualität einkaufen. In Krusendorf beginnen wir allerdings mit eher morbidem Charme.

27 Kilometer
65 Höhenmeter ▲
65 Höhenmeter ▼
1:45 Stunden
Rundtour

Prinzengruft und Backstein

Die 1 / Dreifaltigkeitskirche Krusendorf ist unser Ausgangspunkt. Auf dem Grabfeld am einschiffigen Backsteinbau von 1735 wird mit eisernen Kreuzen einigen Zeitzeugen gedacht. Spannend ist die Familiengruft derer zu Gut Noer: Begraben liegt sogar ein echter Prinz mit dem umständlichen, aber wohlklingenden Namen Friedrich Emil August Prinz zu Schleswig-Holstein Sonderburg-Augustenburg (1800–1865). In einer verschlossenen Kapelle

CHARAKTER

Sportlich ●●●○○
Abkühlung ●●○○○
Schlemmen ●○○○○
Panorama ●●●○○

TOURENINFO / Die Tour geht immer schön vorwärts, ohne nennenswerte Steigungen, quer durch Felder und Wälder, mal auf schmalen und verkehrsarmen Nebenstraßen, entlang der Bäderstraße auf einem kommoden Radweg.

◄ links / Strandkörbe am Sandstrand in Krusendorf

befinden sich zudem zwei Marmorsärge mit den Gebeinen des Erbauers und seiner Gattin. Im zunächst bescheiden wirkenden Kirchenraum sind die Ziegel des Mauerwerks unverputzt. Helle Bogenfenster lassen Tageslicht herein, das der wertvollen Orgel des dänischen Orgelbauers Marcussen von 1868 auf der Empore noch mehr Glanz verleiht. Wir verlassen den alten Ortskern und fahren hinunter zur Landstraße, überqueren diese und finden uns in einer schönen, weiten Feldlandschaft wieder. Kurz vor dem Wasserwerk biegen wir an einer Weggabelung nach links ab in Richtung Birkenmoor.

Megalithkultur im Dänischen Wohld

STEINGRÄBER

Der Kreis Rendsburg-Eckern-förde hat 193 mehr oder weniger gut erhaltene Stein-gräber. Diese Ruhestätten wurden zwischen 3500 und 2800 v.u.Z. errichtet.

In dieser Region finden wir eine bemerkenswerte Dichte an Hügel- und Hünengräbern. Einige stehen unauffällig an der Straße, andere frei mitten auf Feldern, wieder andere wollen gefunden werden. Ein wichtiger Repräsentant der Megalithkultur im Dänischen Wohld ist das 2 / Großsteingrab Ahrenshorster Weg auf dem Weg nach Birkenmoor. Zugegeben, viele Hügelgräber sind auf den ersten Blick oft unspektakulär: Ein Haufen Sand mit Wiese, im besten Fall ein paar Steine. Für ein etwas besser erhaltenes Grab könnten wir ab Birkenmoor noch einen kleinen Umweg zum Dolmen bei Kuhholzberg einbauen, das deutlich kleiner, aber mit großen Findlingen intakt aufrecht steht. Dann ein Stopp am 3 / Gut Birkenmoor, einem landwirtschaftlichen Biobetrieb, in dem wir im Sommer frische Erdbeeren und Heidelbeeren bekommen. Rund um die Uhr gibt der „Hofautomat" stets Selbstgemachtes her und auch Wasser an hitzigen Tagen. Wir fahren weiter – grob Richtung Osdorf, biegen aber vorher rechts ab und fahren durch die kleinen Siedlungen Stubbendorf und Austerlitz bis nach Borghorst.

➤ rechts oben / Backsteinkirche in Krusendorf ➤ rechts Mitte / Ostsee am Abend

18

Vor allem im 17. und 18. Jh. lebten
im Osten Schleswig-Holsteins die
dänischen Landesherren und wichtige,
holsteinische Familien in Landgütern,
Schlössern und Herrenhäusern –
allein auf dieser Tour besuchen wir
3 / Gut Birkenmoor, 4 / Gut Borghorst, das 5 / Bio-Versuchsgut Lindhof
und 7 / Schloss Noer.

FORSCHUNG RUND UM BIO-LANDBAU UND VIEHHALTUNG

Fein übernachten im Herrenhaus

Reisende, die länger in der Region sind, finden ein überaus stilvolles Feriendomizil im 4 / Herrenhaus Borghorst, einem Gut von 1742 (Am Gutshof 3, 24251 Osdorf). Als Pferd lässt sich hier übrigens vortrefflich an der nächsten Karrierestufe arbeiten: Zwölf Privatboxen, üppige Wiesen und eine erstklassige Dressurausbildung erwarten die Vierbeiner. Hinter Borghorst nehmen wir die erstbeste Straße nach rechts, überqueren ein schmales Flüsschen, die Kronsbek, und landen im nächsten Dorf.

Neues aus der Bio-Landwirtschaft

Im beschaulichen Lindhöft, mitten im norddeutschen Hinterland, wird an der modernen, ökologischen Landwirtschaft geforscht. Das 5 / Bio-Versuchsgut Lindhof ist in und um einen großen und gut gepflegten Backsteinbau angelegt. Hier gehen Studierende der Universität Kiel ihrem Forschungsdrang nach (www.lindhof.uni-kiel.de). Die biologischen Versuchsfelder und die Bio-Viehhaltung des Landgutes sind spannend für

alle, die an Biodiversität im Landbau und nachhaltiger Landwirtschaft interessiert sind – an Infotagen ist entsprechend viel los. In 6 / Robs Hofladen lassen sich auch nicht ganz alltägliche Sorten aus dem biologischen Anbau des Guts oder Fleisch aus artgerechter Rinder- und Schweinehaltung erstehen (Bäderstraße 31, 24214 Noer, Di, Do, Fr 11–18:30 Uhr, Sa 9–13:30 Uhr, www.robs-hofladen.de).

Der Traum vom Schloss

Zu seinen Glanzzeiten lebte im 7 / Schloss Noer ab 1832 die Prinzessin Louise Auguste von Dänemark. Heute kostet das Anwesen mehr als es einbringt, und so wechselten die Besitzer und Nutzungskonzepte dieses stattlichen zweistöckigen Herrenhauses mit zwei seitlichen Türmen mehrmals, zuletzt drohte der Verfall. Das Schloss mit seinem 15 Hektar großen Park und Wald wurde umgewidmet und steht heute für die Bildung und Begegnung junger Menschen zur Verfügung. Weiter geht es in Richtung Krusendorf.

Einkehr kurz vor Schluss

Gut einen Kilometer vor Ende der Tour biegen wir links ab. Im 8 / Kliffhuus (Haffkamp 22, 24214 Noer, Mi–Fr 17–21 Uhr,

NAH AN DER PERFEK-TION

Mit Blick auf die Eckernförder Bucht den Tag hinter sich zu lassen und sich dann auf einen Absacker in die 10 / Windbar zu setzen und über Dieses und Jenes zu quatschen – so geht das Leben an der Ostseeküste.

◄ / Typisch norddeutsch: Matjes mit Bratkartoffeln ∧ oben / Schloss Noer mit Garten

GANZ VORSICHTIG

Die Eigendynamik von Schutzgebieten wie der 9 / Bewaldeten Düne bei Noer dürfen wir nicht stören. Bitte auf den Wegen bleiben und Schilder beachten.

WINZIGES NATURSCHUTZGEBIET

3

Stunden dauert die geführte, archäologische Wanderung zu den nahe an dieser Tour gelegenen Großsteingräbern bei Altenhof (Eckernförde), Archäologieinteressierte werden begeistert sein (www.archaeologische-wanderungen.de/altenhof).

Sa–So 12–15, 17–21 Uhr) kocht man mit lokalen Produkten (häufig vom benachbarten Biohof), das Ambiente ist skandinavisch-leicht. Uns haben es die holsteinischen Klassiker wie das Bauernfrühstück oder Matjes mit Bratkartoffeln angetan. Fragt aber auch nach vegetarischen oder veganen Alternativen; man ist hier unkompliziert. Am Wochenende gibt es Selbstgebackenes, bei Schietwetter locken Heißgetränke.

Wo Seeadler kreisen

Gar winzig ist dieses seit 1981 bestehende Naturschutzgebiet: Nur 47 Hektar umfasst die 9 / Bewaldete Düne bei Noer. Und doch spielen sich hier auf kleinstem Raum Dinge ab, die für die Biodiversität und das Verständnis der Natur an der gesamten Ostseeküste aufschlussreich sind. So sind alle Entwicklungsstadien der Düne hier zu beobachten. Auf den ersten Metern, wo das Meer auf das Land trifft, wachsen typische Strandpflanzen. Je weiter sich die Düne aufbaut, desto interessanter wird die Flora – bis zu Ahorn-, Buchen- und Wildapfelbäumen, die auf dem Strandwall einen kleinen Wald bilden. Das Betreten der Dünen ist nicht gestattet. Tipp: Wage ein Blick nach oben, denn auch der Seeadler findet es hier schön und lässt sich ab und zu erspähen.

Absacker mit Ostseeblick

Zum Schluss blicken wir nicht nur nach oben, sondern auch nach vorn, auf die Ostsee. Unseren Absacker nehmen wir in der 10 / Windbar (Kronshörn, 24229 Schwedeneck, 16–20 Uhr, an Wochenenden auch länger). An schönen Sommerabenden können wir an der Badestelle Noer natürlich auch gleich noch in die Ostsee springen. Unsere Tour endet, wo sie begonnen hat, an der 1 / Dreifaltigkeitskirche Krusendorf. Wer mag, sieht sich noch ein wenig in Krusendorf um: Das malerische kleine Dorf besticht durch einige liebevoll gestaltete und reetgedeckte Häuser. Alles ist ruhig, als würde die Zeit stehen bleiben.

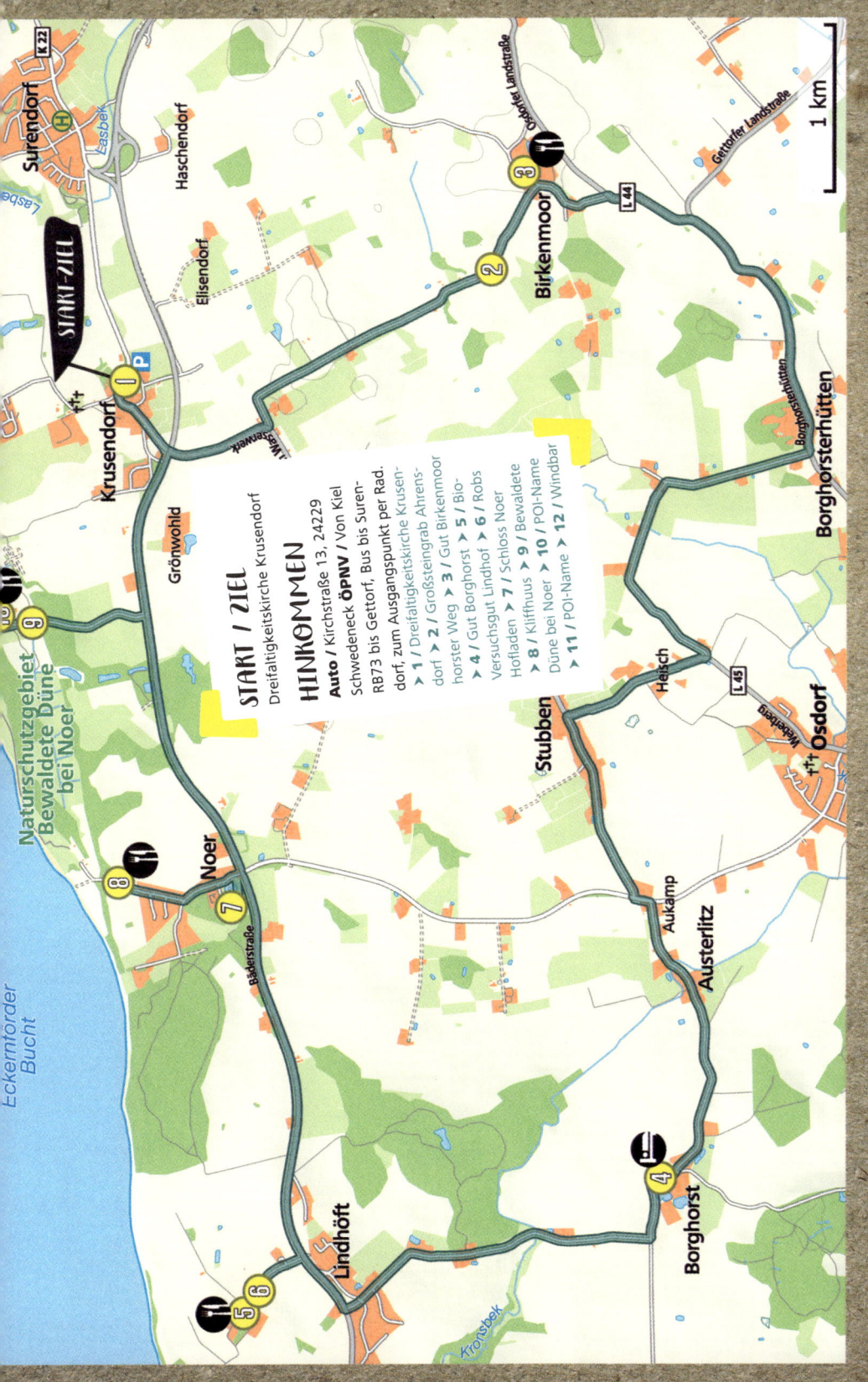

START / ZIEL

Dreifaltigkeitskirche Krusendorf

HINKOMMEN

Auto / Kirchstraße 13, 24229 Schwedeneck **öPNV** / Von Kiel RB73 bis Gettorf, Bus bis Surendorf, zum Ausgangspunkt per Rad.

▶ **1** / Dreifaltigkeitskirche Krusendorf ▶ **2** / Großsteingrab Ahrensdorf ▶ **3** / Gut Birkenmoor ▶ **4** / Gut Borghorst ▶ **5** / Biohorster Weg ▶ **6** / Robs Versuchsgut Lindhof ▶ **7** / Schloss Noer Hofladen ▶ **8** / Kliffhus ▶ **9** / Bewaldete Düne bei Noer ▶ **10** / POI-Name ▶ **11** / POI-Name ▶ **12** / Windbar

Surendorf

Haschendorf

Ellsendorf

Krusendorf

Grönwohld

Naturschutzgebiet Bewaldete Düne bei Noer

Eckernförder Bucht

Noer

Stubben

Heisch

Lindhöft

Kronsbek

Borghorst

Austerlitz

Aukamp

Osdorf

Osdorfer Landstraße

Gettorfer Landstraße

Birkenmoor

Borghorsterhütten

Borghorsterhütten

Bäderstraße

Wanderwerk

1 km

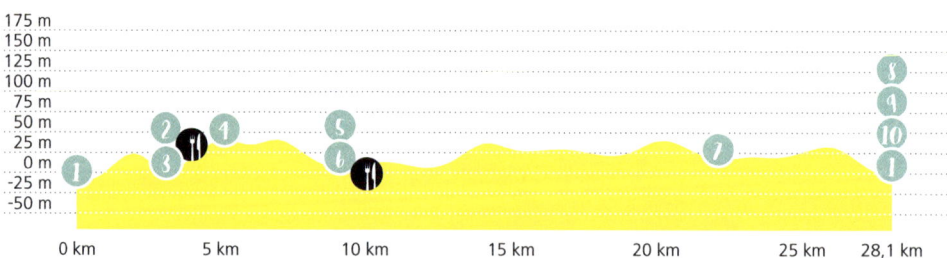

VOR DER HAUSTÜR

Als ich in Kiel und Laboe lebte, drehte ich hier nach der Arbeit meine Feierabend-Runden – manchmal auf dem Pferd, aber meistens auf dem Drahtesel!

➤ **1** / Im Fischereimuseum Möltenort geht es um … Fisch!

➤ **2** / Vormerken für den Sonnenuntergang: Strandrestaurant Kiek ut

➤ **3** / Von Meereshöhe auf den Ölberg Mönkeberg

➤ **4** / Lost place: Kapelle Lindenhof am ehemaligen Gut

➤ **5** / Alte Schwentinebrücke: Flussidyll zwischen Büros

➤ **6** / Kieler und Holsteiner Küche im Restaurant Alte Mühle

➤ **7** / Ausgebrannte Eiche für eine Verschnaufspause

➤ **8** / Nachdenklich am U-Boot-Ehrenmal Möltenort

➤ **9** / Sprung in die Ostsee am Freistrand Möltenort

➤ **10** / Frischer Fang, bestens zubereitet am Fischbratkutter Elke

SCHREVENBORNER RUND

Von der **Kieler Förde** *zur*
Schwentine *und zurück*

Diese abwechslungsreiche Tour am östlichen Kieler Ortsrand beginnt in den Vor-
orten an der Kieler Förde. Schrevenborn ist
der Name des Amtsbezirks. Er rührt von einem Gut her, das im zweiten Weltkrieg zerstört wurde. In Möltenort, zwischen Freistrand und dem lebhaften Sportboothafen
steigen wir aufs Rad.

28 Kilometer
120 Höhenmeter ▲
120 Höhenmeter ▼
1:45 Stunden
Rundtour

Woher kommt das Fischstäbchen?

Diese und andere essenzielle Fragen des norddeutschen Lebens am Meer beantwortet man im Info-
pavillon am 1 / Fischereimuse-
um Möltenort (geöffnet Sa/So,
April-September) am Ende des
Fähranlegers. Hier geht es –
o Wunder – um Fisch. Von
den ersten Ostsee-Fischern,
über Fangmethoden und
-schiffe bis zur kulinarischen
Verwendung der Fische – die manchmal eben als
profanes Fischstäbchen enden. Wir lassen das

CHARAKTER

Sportlich ●●●○○
Abkühlung ●●●○○
Schlemmen ●●●○○
Panorama ●●●○○

TOURENINFO / Die Tour ist auf gut befahrbaren Wegen
und Straßen mit guter Grundkondition zu bewältigen. Auf
einem Zwischenstück hat ein gut bereiftes Mountainbike
Vorteile. An der Kieler Förde kreuzt sich der Radweg häufiger mit dem Fördewanderweg – an schönen Tagen ist mit
vielen Fußgängern zu rechnen.

◄ **links / Stolze Möwe in ihrem Heimatrevier an der
Kieler Förde**

Wasser rechter Hand. In der Saison sind hier sehr viele Spaziergänger unterwegs, daher schön langsam und achtsam. An der Kieler
Förde entlang passieren wir den alten Fähranleger im Ostseebad
Heikendorf, machen einen Schlenker durch den Villenvorort Kitze-
berg und gelangen fast automatisch wieder an die Förde.

Dampferarchitektur am Strand

Das 2 / Strandrestaurant Kiek ut (Schönkamp 1, 24226 Heikendorf,
12–23 Uhr) merken wir uns für nach der Tour: Der Blick geht zum
Sonnenuntergang nach Westen. 1950 wurde es als Wartehäuschen
für die Fährschifffahrt erbaut. „Dampferarchitektur" nennt man die
rundliche, wassernahe Bauweise. Heute bekommt man
hier gute Holsteiner Küche mit mediterranem Touch.

FLUSSFAHRT

Bei der 5 / Alten Schwen-
tinebrücke legt ein Ausflugsboot zur Schwentinetalfahrt
ab; die Flussfahrt durch die
Natur ist herrlich (www.
schwentinetalfahrt.de).

Auf dem Ölberg

Wir fahren weiter bis Mönkeberg und verlassen die Förde. Die Straße beschreibt eine Kurve und beschert uns
die erste Steigung – die unerwartet kommt und es in sich
hat: Von Meereshöhe geht es auf den 35 Meter hohen
3 / Ölberg in Mönkeberg. Wie wohlklingend … doch man sagt,
dass hier im Mittelalter eine Siedlung namens Hukeshole war,
dessen Bewohner/-innen von einer Seuche dahingerafft wurden.
Auch die Namensherkunft ist wenig hübsch:1933 baute die Marine
unterirdische Öltanks und eine Ölpier an der Förde, an der Versor-
gungsschiffe im zweiten Weltkrieg betankt wurden. Wir bewältigen die steile Auffahrt. Oben überqueren wir die Kreuzung mit dem
Heikendorfer Weg und fahren links ab in die Straße Am Eksol, die
in die Dorfstraße übergeht. Nach einer Kurve beginnt zur Rechten
das Naturschutzgebiet Mönkeberger See. Ein kleiner Edelstein auf
dieser Tour befindet sich im Waldgebiet links.

➤ rechts oben / Eine Fähre auf der Kieler Förde bei Möltenort – und
gleich ist sie weg ➤ rechts Mitte / Kommod unterwegs auf Radwegen
neben der Straße, wie bei Schönkirchen

KM 27

Vom 9 / Freistrand Möltenort bietet
sich ein eigenartiger Blick auf die
großen Pötte, die aus der Förde hinaus-
fahren: Von hier scheint es manchmal, als würden sie gleich das Land
rammen. Dann verschwinden sie aber
plötzlich hinter der nächsten Ecke.
Wer nicht hinschaut, könnte denken,
da war ein Geisterschiff.

HEXEN-HÄUSCHEN DES KONTER-ADMIRALS

Ein schöner, verlorener Platz

Die 4 / Kapelle Lindenhof ist einer dieser „lost places": verlassene Orte, die sich die Natur zurückerobert hat. Vom ehemaligen Gut eines Mönkeberger Konteradmirals ist nur ein schmuckloses, zugemauertes Haus übrig. Doch ein Stück weiter im Wäldchen steht eine kleine Kapelle, in der einst die sterblichen Überreste des Hochdekorierten lagen. Zwischen den knorrigen Linden wirkt sie wie ein Hexenhäuschen mit ihrer Steinfassade und dem Spitzdach, gerade bei diffusem Wetter. Auf der Weiterfahrt biegen wir vor der Bundesstraße rechts in ein Wohngebiet ein, vorbei am Kleingartenverein fahren wir durch Felder und ein Waldstück, unterqueren dann die B502 und biegen rechts in den verkehrsberuhigten Kätnersredder, der später zur Fahrradstraße wird: Wir sind im Schwentinetal.

Flussidyll Schwentinemündung

Ein kleiner Abstecher führt uns an die 5 / Alte Schwentinebrücke. Umbaut von modernen Bürogebäuden befindet sich am Fluss die ursprüngliche Steinbrücke über die Mündung der Schwentine in

die Kieler Förde. Hier ist Gelegenheit zur Stärkung: Im gelb leuchtenden 6 / Restaurant Alte Mühle (An der Holsatiamühle 8, 24149 Kiel, 11:30–22 Uhr) bekommen wir Kieler und Holsteiner Küche, bei gutem Wetter auf der Terrasse mit Hafenblick. Danach geht es auf dem gleichen Weg zurück. Dort, wo die Durchfahrt für Autos gesperrt ist, gäbe es einen alternativen und schattigen Weg, auf Sand- und Laubgrund: den Oppendorfer Fußweg oberhalb der Schwentine. Er beginnt mit einer Treppe, aber das Rad können wir leicht hinaufschieben. Oben Rücksicht auf Spaziergänger nehmen. Wir fahren weiter geradeaus auf dem Kätnersredder zurück nach Oppendorf und biegen oben rechts ab in die Anschützstraße. Am Ende öffnet sich auf beiden Wegen die Landschaft: Wir fahren schnittig durch die Felder bis wir an eine T-Kreuzung gelangen. Links ab folgen wir der Straße sowie der 90-Grad-Rechtskurve am nächsten Gehöft. Es geht durch flachhügelige Felder, dann biegen wir nach Schönkirchen ab.

Knorpelbarock, schonmal gehört?

In Schönkirchen lohnt ein Blick ins Innere der Feldsteinkirche St. Marien Schönkirchen aus dem 13. Jahrhundert. Die Arbeit des Eckernförder Künstlers Hans Gudewerdt des Jüngeren ist bemer-

KM 25

In Heikendorf besteht seit 1923 eine Künstlerkolonie, begründet durch den Maler und Lithografen Heinrich Blunck. In dessen Atelierhaus finden sich Werke von ortsansässigen Künstlern. Der Museumsgarten gilt als einer der „schönsten Gärten Schleswig-Holsteins".

◄ links / Idylle im Schwentinetal ▲ oben / Fisch, gut und authentisch: Fischbratkutter Elke

WANDERN UND RADFAHREN

An der Kieler Förde fahren wir streckenweise auf dem 30 Kilometer langen Fördewanderweg, der von Radfahrern und Fußgängern genutzt werden darf.

PAUSE IN DER EICHE

MARITIME DELIKATESSE

Wann jemand das erste Mal einen Hering zwischen zwei Brötchenhälften gepackt hat, ist unbekannt. Aber ohne Frage ist das Fischbrötchen norddeutsches Kulturgut – direkt vom Kutter an der Küste mit fangfrischem Fisch natürlich am besten.

kenswert: Ein über 6,5 Meter hoher, aus Eichenholz geschnitzter Altaraufsatz von 1653 zeigt das letzte Abendmahl Christi in detailreicher, ornamentartiger („knorpeliger") und barocker Ausführung. Anschließend biegen wir in die Mühlenstraße ein und fahren über den Heikendorfer Weg aus dem Dorf hinaus. Pause gefällig? Dazu lädt die 7 / Ausgebrannte Eiche ein. Der alte Baum wurde vom Blitz getroffen, lebt aber noch und wir sitzen am oder im Stamm oder klettern die Holztreppe hinauf. Anschließend fahren wir zurück und an der Gabelung nach links, und die letzten Kilometer gemütlich geradeaus. In Heikendorf kommen wir am Künstlermuseum vorbei. Bis heute besteht hier eine aktive Künstlerkolonie und in einigen Ateliers und sogar einem Kunst-Kiosk am Strand können wir Werke lokaler Maler, Fotografen oder Bildhauer sehen und erstehen. Wir folgen dem „Tobringer" (Zubringer) zur Kieler Förde. Achtung, die Straße führt bergab!

Ein Mahnmal für den Frieden

Die Tour endet wieder im Jachthafen Möltenort, aber wir schauen uns noch um: Am 8 / U-Boot-Ehrenmal Möltenort (Fußweg, Rad bitte schieben) begrüßt uns ein fast fünf Meter großer Adler auf einem hohen Pfeiler. Kiel ist Marinestadt und aus Heikendorf stammen viele Kapitäne und Matrosen. Die aufgereihten Bronzeplatten tragen die 34.747 Namen aller gefallenen U-Boot-Fahrer (oft sehr junge Männer) der beiden Weltkriege. Bewegend. Wir wollen jetzt in die Ostsee springen: Der 9 / Freistrand Möltenort ist recht klein, aber sehr natürlich und die meisten Urlauber baden lieber woanders an der Förde. Für die Belohnung am Schluss gibt es keinen besseren Ort als den 10 / Fischbratkutter Elke (Strandweg, 24226 Heikendorf, Fr–So von 10–22 Uhr). Fangfrischer Fisch aus der Ostsee nach bester Bratkunst zubereitet, herrlich pfeffrig in einer herrlich leichten Panade.

Geht da etwa gerade die Sonne unter? Eine Feierabendtour vom Allerfeinsten!

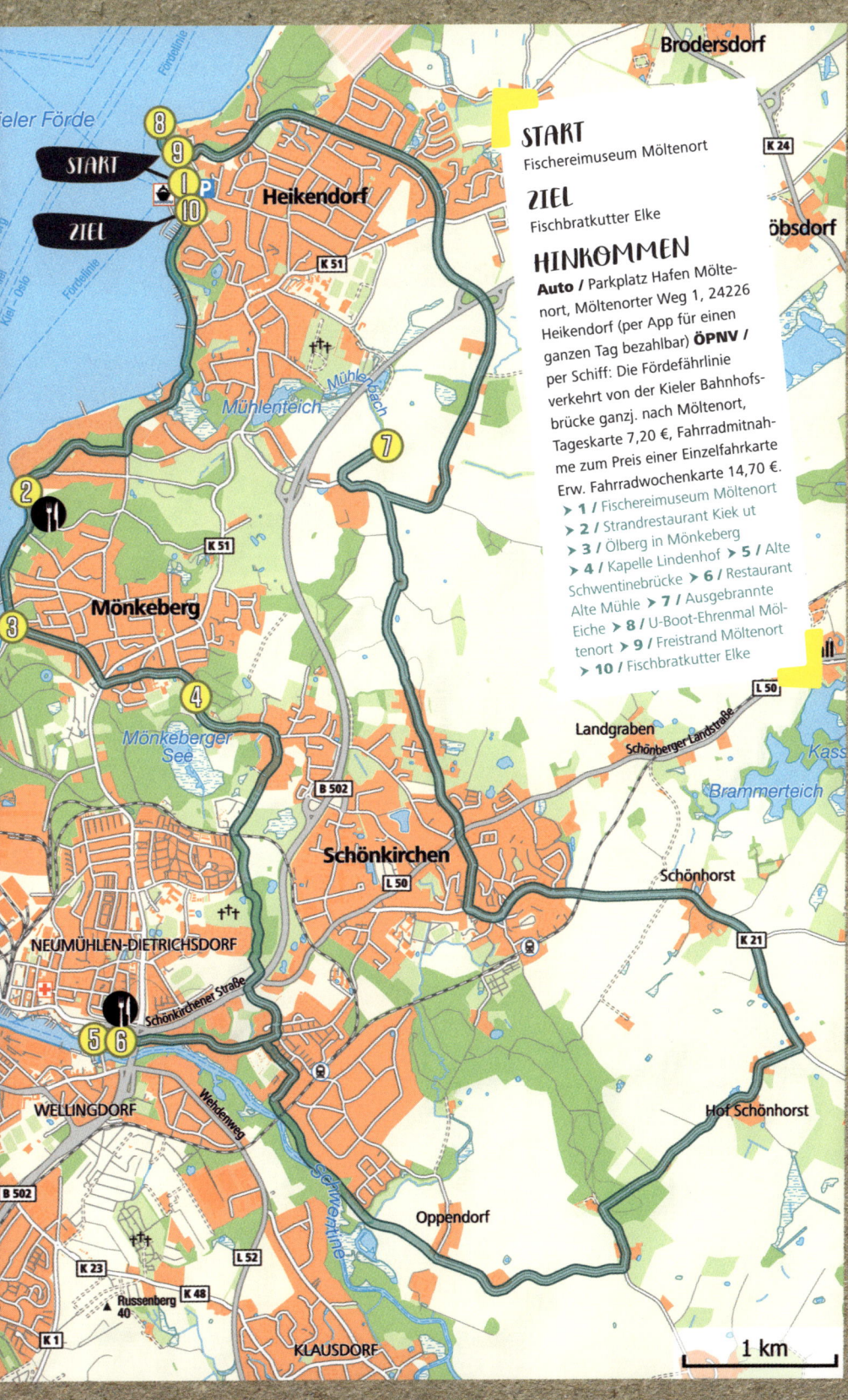

START
ZIEL

Brodersdorf

K 24

öbsdorf

Heikendorf

K 51

Kieler Förde

Mühlenteich

Mühlenbach

2

3

Mönkeberg

K 51

7

4

Mönkeberger See

B 502

Schönkirchen

L 50

Landgraben

Schönberger Landstraße

L 50

Brammerteich

Kass

Schönhorst

NEUMÜHLEN-DIETRICHSDORF

K 21

5 6

Schönkirchener Straße

WELLINGDORF

Weidenweg

Hof Schönhorst

B 502

Schwentine

Oppendorf

K 23

L 52

K 48

▲ Russenberg 40

K 1

KLAUSDORF

1 km

START
Fischereimuseum Möltenort

ZIEL
Fischbratkutter Elke

HINKOMMEN

Auto / Parkplatz Hafen Möltenort, Möltenorter Weg 1, 24226
Heikendorf (per App für einen
ganzen Tag bezahlbar) **ÖPNV** /
per Schiff: Die Fördefährlinie
verkehrt von der Kieler Bahnhofs-
brücke ganzj. nach Möltenort,
Tageskarte 7,20 €, Fahrradmitnah-
me zum Preis einer Einzelfahrkarte
Erw. Fahrradwochenkarte 14,70 €.
➤ **1** / Fischereimuseum Möltenort
➤ **2** / Strandrestaurant Kiek ut
➤ **3** / Ölberg in Mönkeberg
➤ **4** / Kapelle Lindenhof ➤ **5** / Alte
Schwentinebrücke ➤ **6** / Restaurant
Alte Mühle ➤ **7** / Ausgebrannte
Eiche ➤ **8** / U-Boot-Ehrenmal Möltenort ➤ **9** / Freistrand Möltenort
➤ **10** / Fischbratkutter Elke

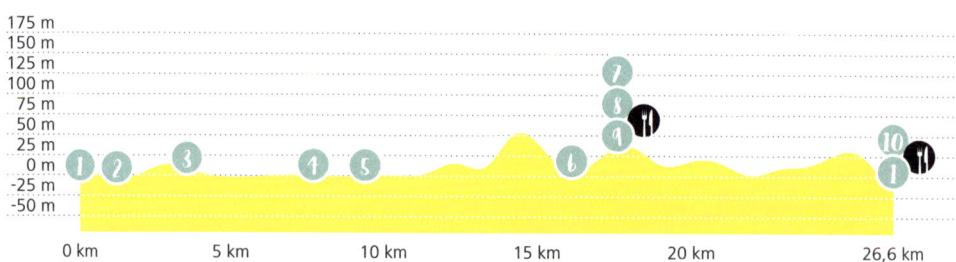

GÄNSEBLICK!

Ich gerate bei fliegenden Gänsen immer in Verzückung – und beobachte die sympathischen Zugvögel gern am Sehlendorfer Binnensee.

➤ **1** / Kulinarischer Start: Fischbar Sehlendorfer Strand

➤ **2** / Flora und Fauna der Ostsee an der Vogelplattform Sehlendorfer Binnensee

➤ **3** / Plattfisch getarnt als Seebrücke: die Hohwachter Flunder

➤ **4** / Gänseparadies: Kleiner Binnensee und angrenzende Salzwiesen

➤ **5** / Neuland Warnfeuer, Leuchtturm von 1905 aus Ziegelsteinen

➤ **6** / Eiszeitliche Ruhe im Landschaftsschutzgebiet Kossautal

➤ **7** / Kleinstadt mit Geschichte: Historische Altstadt Lütjenburg

➤ **8** / Lokale Spezialitäten bei Manufaktur und Bistro PUR

➤ **9** / Das Färberhaus in Lütjenburg, die Stammkneipe des Henkers

➤ **10** / Belohnungsessen mit Seeblick: Gaststätte Zum Alten Packhus

OST- UND BINNENSEE

Von der **Hohwachter Bucht** *durch* **Naturschutzgebiete** *und* **Lütjenburg**

Zwischen all den Kur- und Ostseebädern, die manchmal nur gleichförmige Feriensiedlungen scheinen, ist auf dieser Tour viel Natur zu erwarten, Ostsee und Binnensee bilden quasi eine Einheit. Gleich vorab: Wer mehr Kultur und länger fahren möchte, ergänzt einfach die halbe Tour (21½ am Ende des Buches), die in und um Lütjenburg spannende Ziele bietet.

27 Kilometer
130 Höhenmeter ▲
130 Höhenmeter ▼
2 Stunden
Rundtour

Start in der Fischbar

Wir starten kulinarisch. Denn der selbsternannte Kapitän der 1 / Fischbar am Sehlendorfer Strand (Strandstraße 28, 24327 Blekendorf, täglich 12–20 Uhr) kann richtig gut kochen: Früher zauberte er in Kiel Gourmet-Fischbrötchen. Heute stehen in Sehlendorf Flossen-Klassiker wie Fischsuppe und Fish & Chips oder zeitgemäße Kreationen wie Fischburger und Bowls (z. B. mit Pulled Lachs in einer selbstgerührten Barbecue-Sauce) auf

CHARAKTER

Sportlich ●●○○○
Abkühlung ●●○○○
Schlemmen ●●●○○
Panorama ●●●●○

TOURENINFO / Der erste Streckenabschnitt an der Ostsee führt über gut ausgebaute Deichwege, die wir uns mit Fußgängern teilen, daher wird in der Saison ggf. etwas mehr Zeit benötigt. In den Naturschutzgebieten ist man zu Fuß unterwegs – passende Schuhe und Zeit mitbringen.

◄ **links / Naturbelassen und tiefenentspannt: Sehlendorfer Binnensee**

der Menükarte. Die wiederum ist in ein Holzbrett gebrannt. In aus Paletten gezimmerten Strandkörben sitzen wir gemütlich und windgeschützt. Und wer vor dem Fahren nichts essen mag, kommt einfach am Ende wieder.

Wo der See das Meer trifft

Nach der Grundversorgung geht es los, an der Dünenkante entlang in Richtung Hohwacht, das bereits in Sicht ist. Den Sehlendorfer Strand lassen wir zu unserer Rechten, links beginnt das Naturschutzgebiet. Eine kleine Brücke trägt uns über die Mündung der Nessendorfer Mühlenau. Wer sich für Flora und Fauna der Ostsee interessiert, erlaubt sich den kleinen Schlenker zur 2 / Vogelplattform Sehlendorfer Binnensee. Neben dem bekannten Schilfrohr wächst speziell an diesem Binnensee auch der seltene, echte Eibisch. Austernfischer, Gänsesäger und Strandregenpfeifer finden im Artenreichtum der Wasserpflanzen und auf den Salzwiesen, die jährlich mehrfach durch das Salzwasser der Ostsee genährt werden, optimale Lebens- und Nistbedingungen. Durch das Naturschutzgebiet führt ein Wanderpfad, bis rund um den Großen Binnensee.

KÜSTENDÜNEN

Die traumhafte Dünenlandschaft zwischen Ostsee und 2 / Vogelplattform Sehlendorfer Binnensee darf als geschütztes Biotop nicht betreten und befahren werden.

Seebrücke oder Flunder?

Im Ferienort Hohwacht angekommen, bringt uns ein Schlenker nach rechts zum Kurstrand, zur Seebrücke und zum Richtungsmast. An der Steilküste entlang führt dann ein Schotterweg – in der Saison Fußgängern vorbehalten – bis zum Hauptstrand. Wer zügiger fahren möchte, fährt einfach zurück zur Hauptstraße Buchholz, am Waldstück entlang, biegt bei der Bäckerei rechts ab und fährt bis zum Strand geradeaus. Hohwachts zweite Seebrücke trägt den seltsamen Namen 3 / Hohwachter Flunder. Den verdankt sie ihrer Fächerform, die an den Plattfisch erinnern soll. Anders als die fischige

> rechts oben / Blick auf die Seebrücke Hohwachter Flunder
> rechts Mitte / Strandkörbe an der Fischbar Sehlendorfer Strand

370

Quadratmeter Eichenbohlen werden von einem 24 Meter hohen, schrägen Stahlpylon gehalten und sind auf mehreren Pfeilern abgestellt: Die 3 / Hohwachter Flunder wurde 2004 erbaut und wir erreichen sie über eine 60 Meter lange Seebrücke. Die Hohwachter nennen die Flunder aber Butt und sind mit dem Namen nicht ganz einverstanden.

Flunder schwebt diese Fläche scheinbar über den Wellen und ist ein echter Blickfang. Ein Gefühl von Freiheit stellt sich ein.

Auf dem Ostseeküstenradweg

PARADIES FÜR ZUGVÖGEL UND HEIMISCHE ARTEN

Hohwacht ist von Wasser eingerahmt: Durch die Ostsee und zwei große Seen fühlt es sich fast wie eine Insel an. Links sehen wir den ersten, südlichen Teil des Großen Binnensees, das Naturschutzgebiet Kronswarder, das zum Schutz der Tiere und der Artenvielfalt tabu ist. Also fahren wir brav daran vorbei, die Ostsee weiter zur Rechten: Hier befinden wir uns auf einem kleinen Abschnitt des Ostseeküstenradweges und passieren das Naturschutzgebiet 4 / Kleiner Binnensee und angrenzende Salzwiesen. Dieser Strandsee vereint eindringendes Ostseewasser und über Bäche und Auen aus dem Hinterland einströmendes Süßwasser. Dieser Brackwasser-Mix gefällt sowohl heimischen Tieren, die hier auf Nahrungssuche gehen, als auch überwinternden Zugvögeln. Auch einige gefährdete Arten wie die auf der Roten Liste stehende Zwergseeschwalbe und der seltene Sandregenpfeifer brüten hier. Und mit etwas Glück kommt ein Seeadler vorbei-

geflogen! Bevor wir links nach Behrensdorf abbiegen, machen wir einen Schlenker um den Leuchtturm: Das 1916 errichtete Wahrzeichen 5 / Neuland Warnfeuer aus rotbraunem Klinkermauerwerk und mit einer acht Meter hohen, gusseisernen Kuppel für das Lichtsignal, überblickt die Ostsee zwischen der Hohwachter Bucht und der Kieler Förde und warnt Schiffe zwischen Kiel und Fehmarnsund vor Untiefen. Dann kehren wir zurück auf den Weg, denn weiter westlich liegen Truppenübungsplätze an Land und auf See. Im Inneren des Leuchtturms steht ein schönes Trauzimmer für Hochzeiten zur Verfügung. Was vielleicht für eine Fahrradtour etwas zu viel des Guten ist …

Eiszeitliche Feuchtwiesen

Von Behrensdorf geht es durch Stöfs, quer durch die Felder und durch das 6 / Landschaftsschutzgebiet Kossautal. Der Bachlauf der Kossau mäandert durch die eiszeitliche Moränenlandschaft, die Feuchtwiesen des Tals wurden weitgehend in Ruhe gelassen. Dieser naturbelassene Zustand sorgt für einen artenreichen Lebensraum auf kleinem Gebiet.

Stadtrundfahrt!

Dann erreichen wir die 7 / Historische Altstadt Lütjenburg und fahren durch das Zentrum der hübschen Fachwerkstadt, die seit

GÄSTE AUS DER ARKTIS

Die Saatgänse (anser fabalis) leben und brüten im Sommer in arktischen Gefilden, von Nordskandinaven bis zur Tundra und Taiga Russlands. In Norddeutschland sind sie Wintergäste und lieben die Strandseen und abgeernteten Ackerflächen der Ostsee.

‹ links / Das kristallklare, seichte Ostseewasser ∧ oben / Bauernhaus bei Hohwacht

IDYLLISCHES LÜTJENBURG

KM 28

Im Gasthof 10 / Zum Alten Packhus, einem Warenspeicher von 1850, bekommen wir gute, rustikale Holsteiner Landesküche – ideal nach einer Radtour! Bei schönem Wetter auf der Terrasse unter hohen alten Bäumen, mit Blick auf das Naturschutzgebiet vor der Ostsee.

800 Jahren Luftkurort ist und seit über 700 Jahren Stadtrechte besitzt. Wir stoppen an der 8 / Manufaktur und Bistro PUR und freuen uns über Spezialitäten von kleinen Produzenten, wie z. B. Aufstriche, Senf oder Schokolade. Raffinierte und zeitgemäße Küche bekämen wir im Restaurant (Manufaktur Mi–Sa, 10–22; Restaurant Mi–Sa 17–22, Fr–Sa 12–14 Uhr).

Das älteste Haus in Lütjenburg

Am Marktplatz befindet sich das 9 / Färberhaus (auch Maack'sches Haus) von 1576, das älteste Wohnhaus der Stadt. Um 1700 soll es hier eine Schankwirtschaft gegeben haben. Ein angeketteter Becher war für den Henker des Ortes reserviert, denn niemand wollte aus einem Gefäß trinken, das dieser zuvor benutzt hatte. Heute beherbergt das schöne Fachwerkhaus das Standesamt. Wir verlassen Lütjenburg nach Osten, fahren auf dem kommoden Fahrradweg der B202 durch Felder und hohe Bäume. Wir biegen links ab Richtung Blekendorf/ Sehlendorf und rollen schließlich entspannt hinab zum See.

Ein Hafen in Sehlendorf

Der gutbürgerliche und rustikale Gasthof 10 / Zum Alten Packhus (Fr–So, 17–21 Uhr, So auch mittags, Strandstraße 20, 24327 Blekendorf, Infos: packhus.de) erzählt eine spannende Geschichte: Am Sehlendorfer Strand gab es mal einen Hafen, in dem Waren anlandeten (z. B. Holz, Salz, Kalk, Steinkohle und Getreide). Als er nach einer Sturmflut zerstört wurde und die Schiffe nicht mehr einfahren konnten, mussten sie so weit wie möglich an die Küste fahren. Im seichteren Wasser nahmen ihnen Fischerboote die Ladung ab, brachten sie an den Strand, wo Bauern mit Pferdefuhrwerken die Ladung übernahmen. Gelagert wurden sie z. B. im Alten Packhaus, von wo aus sie weiter transportiert wurden. Wir fahren noch einen Kilometer und landen dann am Ausgangspunkt Sehlendorfer Strand.

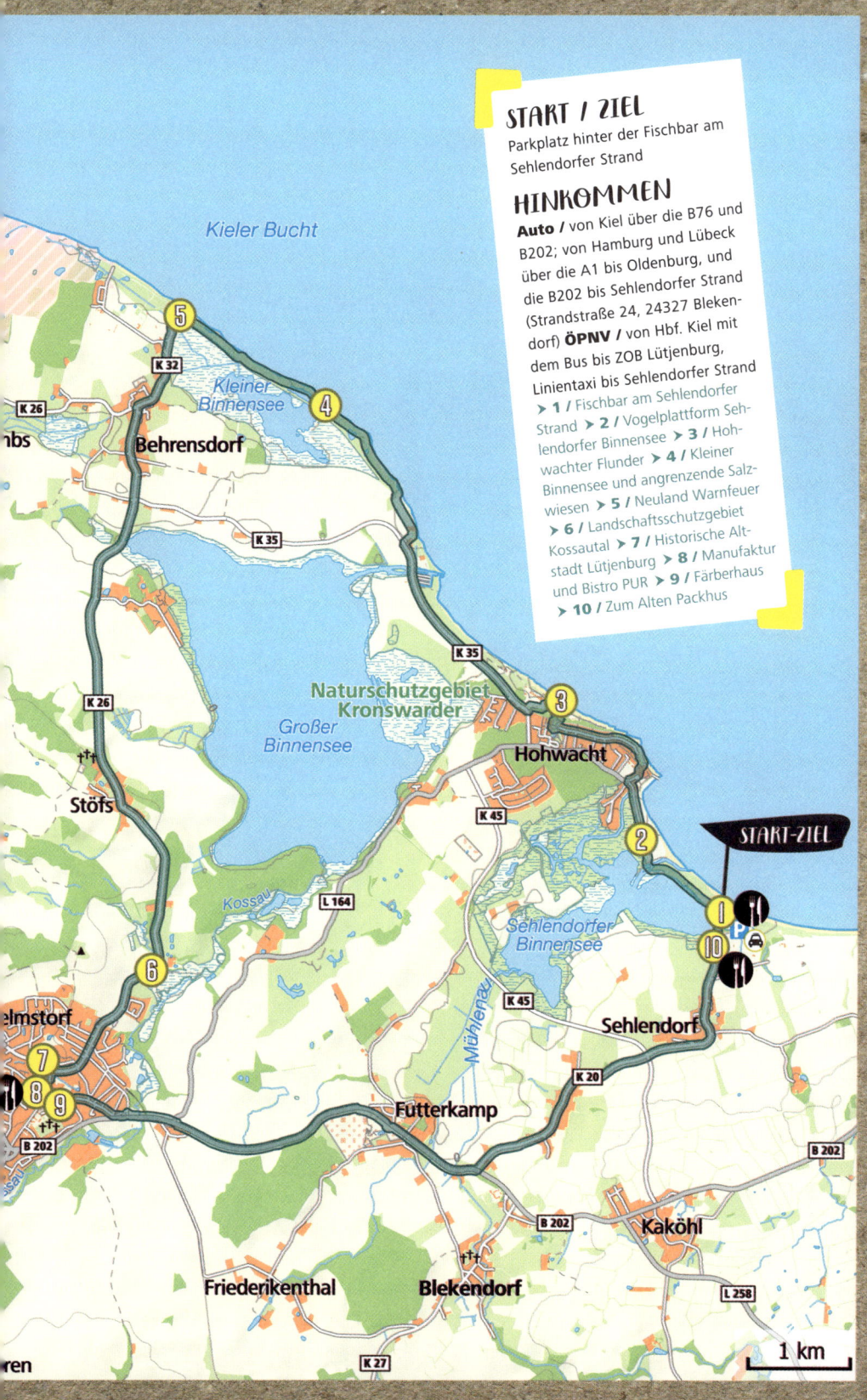

START / ZIEL
Parkplatz hinter der Fischbar am
Sehlendorfer Strand

HINKOMMEN
Auto / von Kiel über die B76 und
B202; von Hamburg und Lübeck
über die A1 bis Oldenburg, und
die B202 bis Sehlendorfer Strand
(Strandstraße 24, 24327 Blekendorf) **ÖPNV** / von Hbf. Kiel mit
dem Bus bis ZOB Lütjenburg,
Linientaxi bis Sehlendorfer Strand
➤ **1** / Fischbar am Sehlendorfer
Strand ➤ **2** / Vogelplattform Sehlendorfer Binnensee ➤ **3** / Hohwachter Flunder ➤ **4** / Kleiner
Binnensee und angrenzende Salzwiesen ➤ **5** / Neuland Warnfeuer
➤ **6** / Landschaftsschutzgebiet
Kossautal ➤ **7** / Historische Altstadt Lütjenburg ➤ **8** / Manufaktur
und Bistro PUR ➤ **9** / Färberhaus
➤ **10** / Zum Alten Packhus

START-ZIEL

Kieler Bucht

K 32

K 26

Kleiner
Binnensee

Behrensdorf

K 35

K 26

K 35

Naturschutzgebiet
Kronswarder

Großer
Binnensee

Stöfs

Hohwacht

K 45

Kossau

L 164

Sehlendorfer
Binnensee

Mühlenau

K 45

elmstorf

Sehlendorf

6

7

8

9

B 202

Futterkamp

K 20

B 202

B 202

Kaköhl

Friederikenthal

Blekendorf

L 258

K 27

1 km

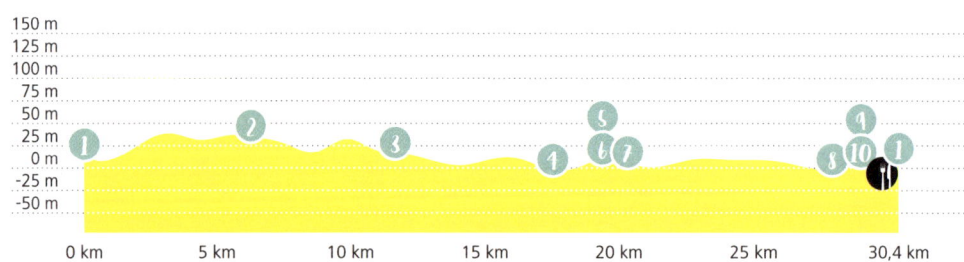

GESCHICHTE LIVE

Was mich in der Schule langweilte, finde ich nun spannend: Ich entdecke die heimatliche Geschichte, während ich durch schöne Landschaften fahre.

➤ **1 /** Start am Parkplatz Alte Liebe direkt an der Ostsee

➤ **2 /** Biodiversität im Ostseewald Wagrien und Streuobstwiese

➤ **3 /** Großsteingrab Grammdorf mit Seltenheitswert

➤ **4 /** In der Eiszeit geschaffen: Oldenburger Graben

➤ **5 /** Oldenburg in Holstein: Starigard, Siedlung der Slawen

➤ **6 /** Bodendenkmal aus der Slawenzeit Mittelalter Oldenburger Wall

➤ **7 /** Freilichtmuseum mit rekonstruierten Häusern im Oldenburger Wallmuseum

➤ **8 /** Im Naturschutzgebiet Vögel beobachten NSG Weißenhäuser Brök

➤ **9 /** Schloss Weissenhaus: Residenz vom Feinsten

➤ **10 /** Dinner mit Meerblick im Restaurant Bootshaus

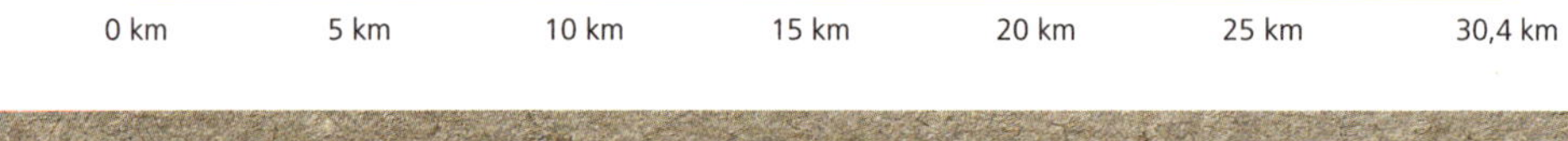

SPUREN DER EISZEIT

Natur und *Erdgeschichte*
in *Weißenhaus* und *Oldenburg*

Diese Tour zeichnet sich durch nachvollziehbare, viele tausend Jahre Geschichte aus: von der Eiszeit über mittelalterliche Slawensiedlungen und dem Schlossadel im 18. Jahrhundert bis zu modernen Spaß- und Erlebnisbädern.

Waldesruhe auf dem Kliff

Wir starten am westlichen Ende des Weißenhäuser Strandes, am 1 / Parkplatz Alte Liebe. Auf dem dortigen Kliff wächst ein Wald. Eigentlich nichts Besonderes – wenn er nicht auch ein Begräbniswald wäre, auf dem Naturgrabstätten erworben werden können. So kann Mensch in Frieden im Einklang mit der Natur ewig ruhen. Rundgänge in dem licht- und winddurchfluteten Wald direkt an der Ostsee sind sowohl für Trauerbesuche als auch zum Sinnieren und Sorgen vertreiben erlaubt. An diesem Ort bilden Waldesrauschen und Waldesruhe eine ganz wunderbare Einheit.

30 Kilometer
60 Höhenmeter ▲
60 Höhenmeter ▼
2:15 Stunden
Rundtour

CHARAKTER

Sportlich ●●●○○
Abkühlung ●●○○○
Schlemmen ●●○○○
Panorama ●●○○○

TOURENINFO / Wir fahren auf Radwegen und Nebenstraßen ohne große Steigungen. Am Oldenburger Graben und im Oldenburger Brök sind gut fahrbare Sandwege, ebenso im Stadtgebiet bis zum Museum, hier und da auch Kopfsteinpflaster.

◄ **links / Dünen im NSG Weißenhäuser Brök**

Lauter idyllische Dörfer

Wir fahren zunächst in Richtung Döhnsdorf. Dort biegen wir links in die Dorfstraße ein und durchqueren den Ort, in dem viele reetgedeckte Backstein-Häuser stehen (wie auch im benachbarten Wasbuck). Wir biegen allerdings nach links in Richtung Wangels ab. An der Strecke wurde der 2 / Ostseewald Wagrien und Streuobstwiese angelegt – ein 15.000 Quadratmeter großes Stück Land, um den Monokulturen und dem Intensivackerbau etwas entgegenzusetzen. Hier finden auch kleinere Säugetiere ein Zuhause wie Fledermäuse, diverse Schläfer oder das Mauswiesel. Viele Obstbäume der Streuobstwiese suchen noch Paten – ein schönes Geschenk für alle, die sich in das holsteinische Hügelland verliebt haben. Im Herbst zur Erntezeit gibt es frisches Obst direkt ab Wiese.

WIND UND WELLEN

Der Kite- und Surf-Spot Weißenhaus ist nach Norden ausgerichtet. Weht der Wind kräftig aus West oder Ost, lässt sich die entstehende Welle gut reiten.

Ein seltenes Grab

In dieser Gegend gibt es einige Spuren der Steinzeit, viele davon kaum als solche auszumachen. Auch am 3 / Großsteingrab Grammdorf fährt, wer nicht aufpasst, vielleicht vorbei – relativ unspektakulär liegt es einfach am Straßenrand, ein kleines Schild erklärt die Megalithgräber in Schleswig-Holstein. Und dieses Exemplar ist ein zwar kleines, aber für die Gegend ungewöhnliches, seltenes und zudem gut erhaltenes Steinkistengrab, datierend auf um 2.500 vor unserer Zeit. Weiter geht es auf der Landstraße. Wir passieren Johannisdorf, erreichen einen kleinen Teich, hinter dem wir abbiegen, denn wir müssen die Autobahn A1 überqueren. Nur ein kleines Stück am Rand des Industriegebietes, dann biegen wir rechts in den Sebenter Weg, überqueren die Bahnlinie und fahren scharf links. Wir bleiben auf dem Weg entlang der Felder, bis wir ein schmales Gewässer überqueren – das etwas ganz Besonderes ist.

➤ **rechts oben / Der Oldenburger Graben ist eine eiszeitliche oder Glazial-Rinne** ➤ **rechts Mitte / Backsteinbau in Oldenburg in Holstein**

22

Kilometer lang ist der 4 / Oldenburger Graben und entwässert die umliegenden Acker- und Weideflächen (Köge). Zur Zeit der Slawen machte er Oldenburg zur Hafenstadt: Sowohl von Dahme als auch Weißenhaus fuhren Schiffe ins Binnenland, wo sie an einer Landbarriere, die die Meeresarme trennte, anlanden konnten.

VON DEN GLETSCHERN SKANDI-NAVIENS

Eiszeitliche Rinne

Der 4 / Oldenburger Graben, an dessen Ufer entlang wir in die Stadt Oldenburg in Holstein hineinfahren, sieht aus wie ein einfacher Kanal oder Fluss und man wähnt nichts Besonderes. Im Gegenteil: Der Graben ist eine sogenannte glaziale Rinne, die nach der Eiszeit durch das Schmelzen und Abfließen der Gletscher Skandinaviens gebildet wurde. Sie ist 23 Kilometer lang und schneidet einmal durch die Wagrische Halbinsel, von der Lübecker Bucht bei Dahme bis zum Weißenhäuser Strand an der Hohwachter Bucht. Der Graben liegt fast zwei Meter unter dem Meeresspiegel, ist im Verlauf rund zwei Meter breit und im Stadtgebiet von Oldenburg überbaut und verrohrt.

Oldenburg, die slawische „alte Burg"

Wir überqueren noch einmal die Bahnlinie, unterqueren die Holsteiner Straße und biegen bei der nächsten Kreuzung rechts in die Schuhstraße, die uns direkt in die Stadtmitte auf den Marktplatz von 5 / Oldenburg in Holstein führt. Der heutige Name

Oldenburg ist aus dem 11. Jahrhundert von slawischen Siedlern und Einwanderern überliefert: Sie nannten ihr Zentrum „Starigard" (alte Burg). Dies wurde später ins Deutsche als „Aldinburg" übersetzt. Im Zentrum steht die schöne, verklinkerte St. Johannis-Kirche. Aber die Hauptattraktion der Stadt ist der graswachsene, sieben Meter hohe 6 / Oldenburger Wall. Der slawische Burgwall wurde im 7. Jahrhundert auf einem eiszeitlichen Höhenzug gebaut und ist eines der bedeutendsten Bodendenkmäler Schleswig-Holsteins. Ein mit Pfählen markierter Pfad leitet uns zum 7 / Oldenburger Wallmuseum (das wir auch über die Burgtorstraße erreichen). Archäologische Ausstellungen und ein Freilichtmuseum mit rekonstruierten Häusern erklären das Leben in der westslawischen Welt – zu der auch Ostholstein gehörte – vor rund 1.000 Jahren.

KM 20

Auf dem Freilichtgelände am 7 / Oldenburger Wallmuseum wird die mittelalterliche Slawenzeit gezeigt und in 20 historischen, rekonstruierten Gebäuden sowie am Nachbau eines bei Eckernförde gefundenen slawischen Handelsschiffs wieder zum Leben erweckt.

Naturschutzgebiet und Dünenlandschaft

Wir fahren nordwestlich aus der Stadt, überqueren erneut die A1 und fahren via Dannau und Kleinwessek an die Ostsee. Der Wesseker See kommt in Sicht, ein Strandsee und heute Naturschutzgebiet. Nach der Seebrücke in Weißenhaus schließt sich ein

< **links / Rekonstruiertes Haus im Oldenburger Wallmuseum, das die Slawenzeit erklärt ⌃ oben / Die schöne Mühle Farve, südlich des Wesseker Sees (für alle, die Lust auf einen kleinen Umweg haben)**

STADTRADELN

Bürger und Gäste in 5 / Oldenburg in Holstein sollen im September so viele Wege wie möglich mit dem Rad machen – für den Klimaschutz und die Gesundheit.

INTAKTE NATÜRLICHE LEBENSRÄUME

KÜSTEN-DÜNEN

Im 8 / NSG Weißenhäuser Brök findet sich eines der größten, zusammenhängenden Dünengebiete an der Ostseeküste. Die schonende Beweidung mit Hochlandrindern als vierbeinige Landschaftspfleger soll die typische Vegetation der Küstendünen wiederherstellen und erhalten.

zweites an, das 8 / NSG Weißenhäuser Brök mit einer vielseitigen Dünenlandschaft, die in Schleswig-Holstein ihresgleichen sucht. Besonderheit des Weißenhäuser Brök ist, dass hier insbesondere Insekten einen Lebensraum finden, die für die Biodiversität und das ökologische Gleichgewicht wichtig sind, wie Mauer- und Wildbienen. Als Anfang der Siebzigerjahre das Ferienzentrum Weißenhäuser Strand direkt zwischen die Naturschutzgebiete Weißenhäuser Brök und Wesseker See gebaut wurde, war das erst konfliktreich, da das Touristenaufkommen wuchs und der Ferienspaß und die Wirtschaft im Vordergrund standen. Heute sind das Erleben der intakten Natur und der natürlichen Lebensräume wichtige Urlaubsmotive und das Bewusstsein auf Seiten der Besucher wächst.

Schönes Schloss

Bevor wir wieder am Parkplatz und Ausgangspunkt landen, werfen wir noch einen Blick auf eines der schönsten Güter Schleswig-Holsteins – eines, das sogar feinsten Meerblick hat: 9 / Schloss Weissenhaus. Schon im 16. Jahrhundert stand hier ein großer Gutshof, an dessen Stelle heute ein prächtiges, historisches Herrenhaus steht. Eine märchenhafte, barocke Parkanlage umgibt das Hotel, das sich Hideaway und Grand Village Resort nennt – mit edlem Ambiente und tiefer Ruhe. In einer restaurierten Reetscheune finden häufiger klassische Konzerte statt. Der Clou ist die direkte Nähe zur Ostsee – ein Frühstück im Schloss mit Meerblick ist wirklich selten exklusiv.

Belohnung am Tourende

Im Schlossambiente gibt es eine wunderbare Möglichkeit, den Abend ausklingen zu lassen: Ein Dinner im 10 / Restaurant Bootshaus (Strandstraße 4, 23758 Wangels, täglich ab 12 Uhr, Reservierung: bootshaus@weissenhaus.de) direkt am Naturstrand mit weitem Blick über das Meer.

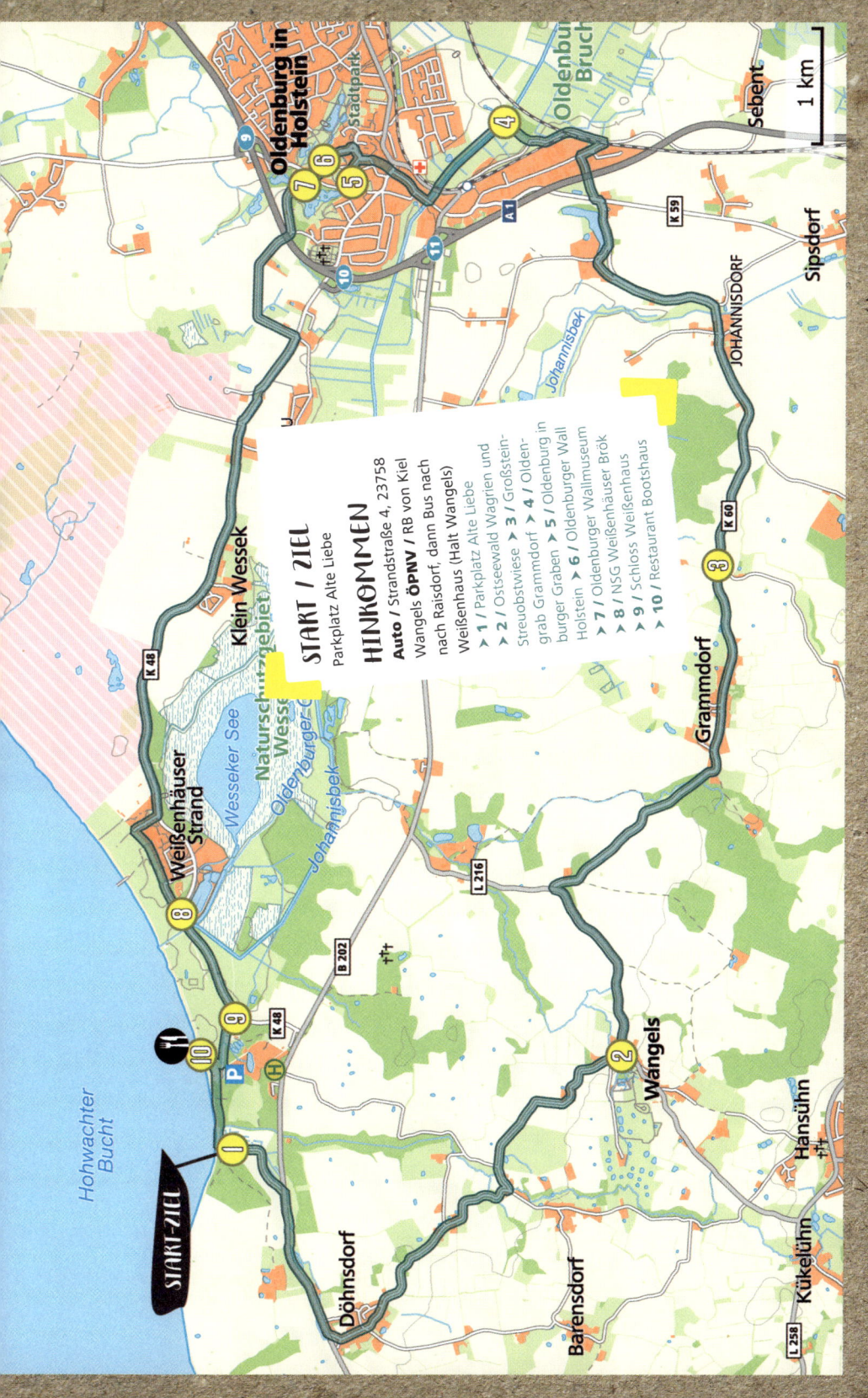

Oldenburg in Holstein

Oldenburger Bruch

Sebent

Sipsdorf

1 km

JOHANNISDORF

K 59

A 1

K 60

Johannisbek

Klein Wessek

Wesseker See

Naturschutzgebiet Wess...

Oldenburger-G...

Johannisbek

Grammdorf

Weißenhäuser Strand

HINKOMMEN

Auto / Strandstraße 4, 23758 Wangels **ÖPNV** / RB von Kiel nach Raisdorf, dann Bus nach Weißenhaus (Halt Wangels)

START / ZIEL

Parkplatz Alte Liebe

> **1** / Parkplatz Alte Liebe
> **2** / Ostseewald Wagrien und Großsteingrab Grammdorf
> **3** / Großstein-Streuobstwiese
> **4** / Oldenburg in Holstein
> **5** / Oldenburger Wall
> **6** / Oldenburger Wallmuseum
> **7** / Oldenburger Graben
> **8** / NSG Weißenhäuser Brök
> **9** / Schloss Weißenhaus
> **10** / Restaurant Bootshaus

L 216

B 202

K 48

Wangels

Hohwachter Bucht

START-ZIEL

Döhnsdorf

Barensdorf

Kükelühn

Hansühn

L 258

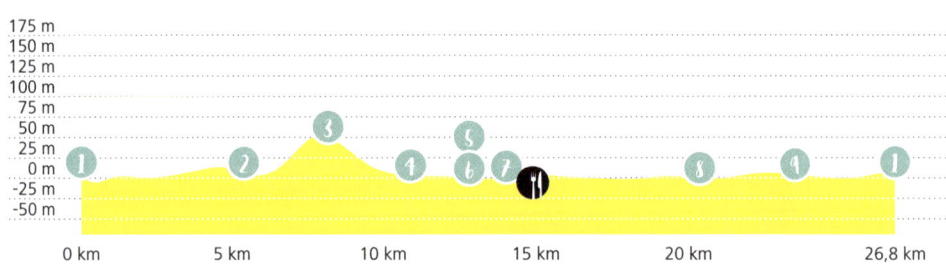

FEHMARN = FERNWEH

Die Brücke nach Fehmarn löst bei mir immer Sehnsucht aus – entweder direkt auf die Insel überzusetzen oder aufs Wasser zu wollen und einfach loszusegeln!

➤ **1 /** Start an der St. Katharinen-Kirche in Großenbrode

➤ **2 /** Leuchtturm Heiligenhafen: **Warnung vor Untiefen**

➤ **3 /** Ostsee-Blick vom Ocean Tower Klaustorf und Ostsee-Erlebniswelt

➤ **4 /** Norddeutscher Klinker am Landhaus Mittelhof

➤ **5 /** Von der Natur lernen am Naturerlebnispfad

➤ **6 /** Maritimes Flair im Wassersportzentrum Großenbrode

➤ **7 /** Kuchen im Strandkorb im Café Meerkieker

➤ **8 /** Brückenblick von der Großenbroderfähre

➤ **9 /** Fehmarnsundbrücke an der Vogelfluglinie – Achtung, windig!

KURZ VOR FEHMARN

Kleine **Landpartie**
durch die **Halbinsel Großenbrode**

Die Halbinsel Großenbrode liegt an der Vogel-fluglinie. Weil die meisten Urlauber schnur-stracks nach Fehmarn fahren, sind die Orte rund um Heiligenhafen weniger frequentiert.

Start nach Westen

An der 1 / St. Katharinen-Kirche in Großenbrode ist unser Startpunkt. Wir fahren am Dorfplatz vorbei aus dem Ort heraus und nach Westen in Richtung Lütjenbrode. Dann wenden wir uns zur Ostsee, nach Heiligenhafen. Den Ort lassen wir eigentlich auf dieser Tour aus, aber ein Schlenker lässt sich einfach ein-bauen. Denn wider Erwarten angesichts der weithin sicht-baren Hochhäuser hat das kleine Heiligenhafen eine sehr ansehnliche historische Altstadt, zum Beispiel mit einer Stadtkirche aus dem 13. Jahrhundert.

CHARAKTER
Sportlich ●●○○○
Abkühlung ●●○○○
Schlemmen ●●○○○
Panorama ●●●○○

27 **Kilometer**
60 **Höhenmeter ▲**
60 **Höhenmeter ▼**
1:45 **Stunden**
Rundtour

Warnung vor Untiefen

Wir fahren ans Meer zum 2 / Leuchtturm Heili-genhafen. Bereits 1885 stand hier ein einfaches

TOURENINFO / Die Tour ist dort, wo sie die Bundesstra-ße 207 nach Fehmarn kreuzt, etwas mühsam, dafür aber im weiteren Verlauf sehr beschaulich und gut zu fahren.

◄ **links / Großenbroderfähre mit Blick auf die Fehmarn-sundbrücke**

Häuschen, in dem man eine Laterne an einem Pfahl hochzog, um zurückkehrenden Fischerbooten den Weg zu weisen. Der heutige Leuchtturm ist natürlich um einiges moderner (obwohl auch bereits von 1938). Das Leuchtfeuer auf dem viereckigen, verklinkerten Leuchtturm warnt den Schiffsverkehr vor der vorgelagerten Halbinsel Graswarder sowie der Untiefe Großenbroder Steinriff. Der Blick in Richtung Naturschutzgebiet Graswarder-Heiligenhafen ist traumhaft. Wir setzen unsere Landpartie fort. Dazu wenden wir uns auf dem Ortmühlenweg nach Süden, der in den Klaustorfer Weg übergeht und die Autobahn A1 unterquert. Im Sommer halten wir auf dem Weg am Erdbeerfeld zum Selbstpflücken für einen gesunden Snack zwischendurch.

MEERBLICK

Am **2 / Leuchtturm Heiligen-hafen** schauen wir verträumt auf die Ostsee, bevor wir unsere Tour im Binnenland fortsetzen.

Hoch über der Ostsee

Ein ehemaliger Abhör- und Fernmeldeturm von Bundeswehr und NATO ist heute der 3 / Ocean Tower Klaustorf. Das klingt mangels Ozeans erstmal übertrieben, aber dort oben, in luftiger Höhe auf rund 100 Meter über Meereshöhe genießen wir einen fantastischen Rundumblick über die Halbinsel Wagrien und nach Fehmarn. An klaren Tagen sogar über die Lübecker Bucht bis nach Rostock und über den großen Belt zu den dänischen Inseln. Der Turm befindet sich im Komplex der Ostsee-Erlebniswelt.

Landhäuser in Ostholstein

Wir landen in Lütjenbrode. Nördlich des Ortes fand man einige jungsteinzeitliche Großsteingräber, die in den Sechzigerjahren den Bauarbeiten zur Fehmarnsundbrücke und der hinführenden Schnellstraße zum Opfer fielen. Immerhin einen großen Findling eines Hünengrabes konnte man retten. Er steht mit einer Gedenktafel auf

---

➤ rechts oben / Goldener Herbst am Landhaus Mittelhof
➤ rechts Mitte / Räucherfisch nach alter Tradition

30 JAHRE

lang Fischräucherei – dafür lohnt ein
Abstecher nach Heiligenhafen in die
Fisch-Hütte. Wir bekommen Lachs,
Forelle, Rotbarsch im Bierteig und
vieles mehr. Hier wird täglich nach
alter Holsteiner Tradition im Altonaer
Ofen auf Buchen- und Erlenholz
geräuchert. Ideal auch als Proviant
zum Mitnehmen.

FÜHRUNGEN IM NSG

Das Naturschutzgebiet Graswarder Heiligenhafen wird zu Fuß erkundet – mit Führung des NABU oder außerhalb der Saison per Wanderung zum Beobachtungsturm.

FINDLING VOM HÜNENGRAB

dem „Thingplatz" genannten Dorfplatz von Großenbrode mit der Inschrift auf Plattdeutsch: „Ick weer mal een Steen op den König sin Grav. Nu stah ick opn Thingplatz för ümmer hol Wach." – „Ich war mal ein Stein auf einem Königsgrab. Nun steh ich auf dem Thingplatz und halte für immer Wacht." Nach dem Ortsausgang werfen wir noch einen Blick nach links auf das rotgeklinkerte 4 / Landhaus Mittelhof, ein weiteres Gut folgt im Straßenverlauf. Im Osten Schleswig-Holsteins baute man stets großzügig und schön. Ein Stück weiter, kurz bevor die Straße eine Linkskurve beschreibt, biegen wir an der Bushaltestelle nach rechts in Richtung Süden ab, fahren hinter dem Bahnübergang scharf links auf einen Nebenweg, und an der nächsten Gabelung rechts auf einen Schotterweg. Dort beginnt auch ein 5 / Naturerlebnispfad; wir müssten nur vom Fahrrad absteigen, um alles zu sehen. Mitfahrende Kinder freuen sich bestimmt über die Abwechslung. Am Wunschbaum können sie sich etwas für die Natur wünschen. Kaum zu glauben, dass dort, wo heute die Tiere und ihre Lebensräume in Ton und Bild erklärt werden, im zweiten Weltkrieg Militärflugzeuge starteten und landeten.

Weiter Blick von der Seebrücke

Wir erreichen das 6 / Wassersportzentrum Großenbrode. Die beiden Jachthäfen in Großenbrode liegen in einem weiten Hafenbecken, einer Lagune, die durch eine lange Mole vor den Wellen und dem Seegang der Ostsee geschützt ist. Von der 310 Meter langen Seebrücke in Großenbrode haben wir an klaren Tagen einen weiten Blick bis zur Mecklenburger Ostseeküste. Sie ist bei Anglern beliebt, wegen der optimalen Strömungsbedingungen am Fehmarnsund. Uns reicht ein Stück selbst gebackener Kuchen im 7 / Café Meerkieker (Am Kai 15, 23775 Großenbrode, März–Oktober, Di–So). Es gäbe auch handgemachtes Eis oder Hotdogs – stilecht genossen im Strandkorb (bei Schietwetter ist es drinnen auch sehr gemütlich). Der Straßenverlauf zieht uns wieder ins Dorf, wo wir Läden und Infrastruktur finden, falls noch Proviant benötigt wird. Aus Großenbrode heraus fahren wir durch Felder, Wiesen und Nebenstraßen. Alles wirkt gepflegt.

435

Meter lang ist die Seebrücke Heiligenhafen, die sich auch „Erlebnis-Seebrücke" nennt – speziell für Kinder gibt es Wasserspiele, für die Erwachsenen Liegestühle. Und für Radfahrer mit Fernweh einfach einen weiten Ostseeblick.

Idyllisches Landleben

Die Siedlung von 8 / Großenbroderfähre ist insgesamt privates Gebiet, Besucher sind aber willkommen. Durch die Masten der

◄ links / Idylle auf dem Weg nach Großenbroderfähre ▲ oben / Der Hafen von Heiligenhafen

NATUR FÜR KLEIN UND GROSS

Mit Kids ist der 5 / Naturerlebnispfad bei Großenbrode eine guter Stopp zwischendurch. Und auch die großen Kinder können hier noch was lernen.

WINDIGES BRÜCKEN-VERGNÜGEN

FEHMARN-SUND

Der Fehmarnsund ist etwa acht Kilometer lang, 1.300 Meter breit und wurde durch die beiden für die Brücke errichteten Rampen auf ca. 800 Meter verengt. Die Wassertiefe des Sunds liegt zwischen 3 und 11 Metern. Wind weht oft kräftig aus West bis Südwest.

Segelboote hat man einen schönen, seitlichen Blick auf den charakteristischen Bogen der Fehmarnsundbrücke. Im Vorhafen des langgezogenen, privaten Jachthafens ist noch der alte Fähranleger erkennbar. Das dort liegende Schiff hat die Aufgabe, den Wasserstand zu messen. Wir fahren zurück und nach einer Gabelung geht es in Richtung Brücke. Auch dort gibt es einen Fotostopp.

An der Vogelfluglinie

Die 1963 erbaute 9 / Fehmarnsundbrücke überspannt den Fehmarnsund – eine Meerenge, an der immer ein kräftiger Wind weht. Bei Starkwind wird die Brücke für leere Lkw und Wohnwagen-Gespanne gesperrt. Der Schiffsverkehr unterfährt die Brücke durch eine 240 Meter breite und 23 Meter hohe Öffnung. Zwar ist die Brücke hauptsächlich für den Auto- und Eisenbahnverkehr gedacht, aber es gibt auch einen Weg für Radfahrer und Fußgänger über die Brücke – für alle, die noch kurz einen Fuß, beziehungsweise zwei Räder auf die Insel setzen wollen. Hier lässt sich ganz wunderbar die Wasservogelreservattour Nr. 14 ergänzen. Wir folgen den Schildern zurück zu unserem Ausgangspunkt, der 1 / St. Katharinen-Kirche in Großenbrode.

Extra-Tipp für den abendlichen Ausklang

Im Anschluss an die Tour lässt sich wie erwähnt noch die Kleinstadt Heiligenhafen erkunden, die wir ja nur am Rande gesehen haben. Am Ortsrand ist sie auf den ersten Blick keine Schönheit und ein paar Hochhäuser sind lieblos in die schöne Landschaft gebaut. In den vergangenen Jahrhunderten war Heiligenhafen ein bisschen vom Pech verfolgt: um 1300 Überschwemmungen, um 1400 erst ein Stadtbrand, der Dänenkönig Erik gab ihr dann den Rest. Dann Wiederaufbau, nach 1600 dann durch den Dreißigjährigen Krieg und die Pest quasi ausgelöscht. Aber „Halli" hat sich immer wieder aufgerappelt. Und das Beste ist der kilometerlange Sandstrand, an dem wir bei einem langen Strandspaziergang in der Dämmerung die gute Ostseeluft in vollen Atemzügen genießen können.

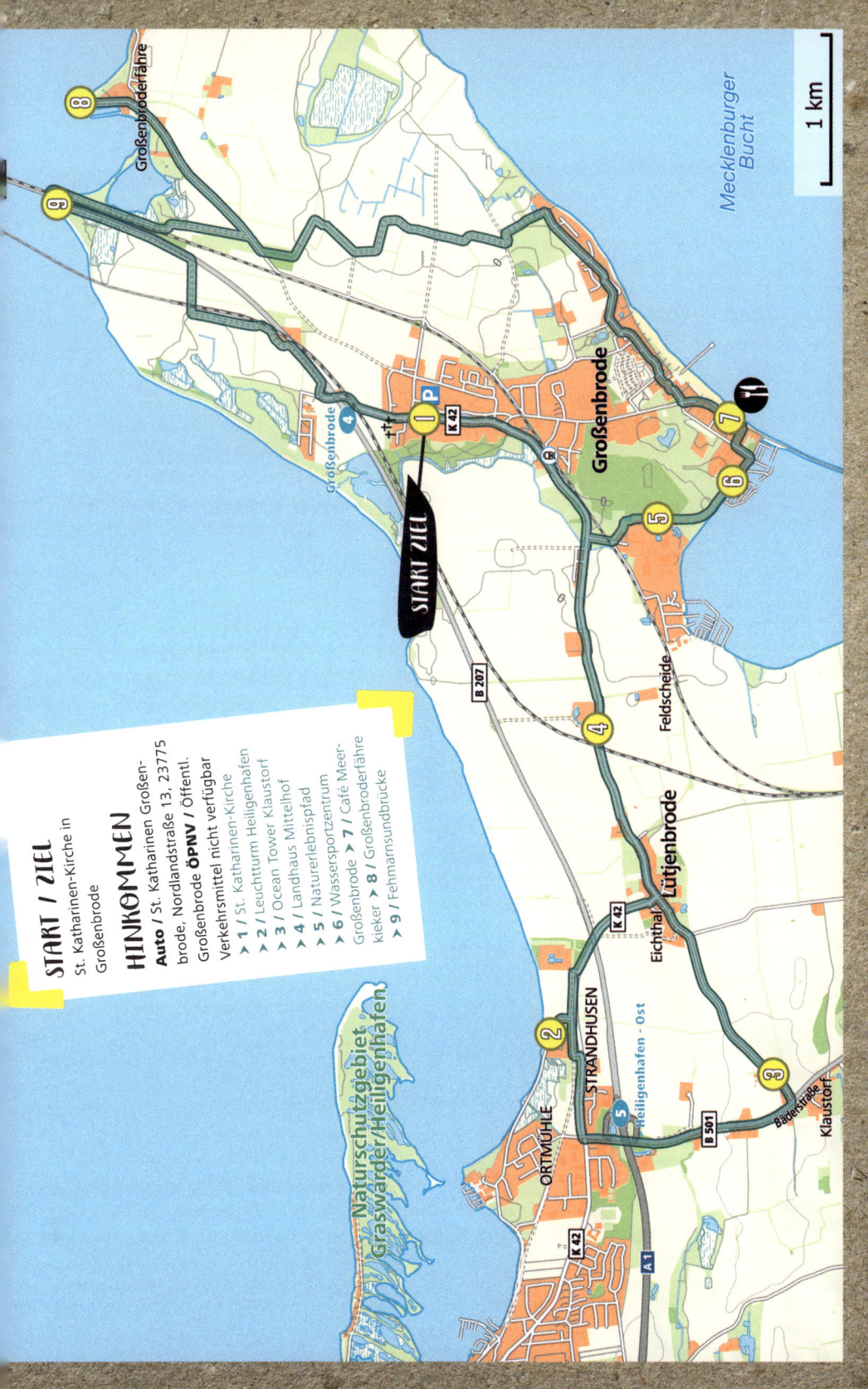

START ZIEL

START / ZIEL
St. Katharinen-Kirche in
Großenbrode

HINKOMMEN
Auto / St. Katharinen Großen-
brode, Nordlandstraße 13, 23775
Großenbrode **ÖPNV** / Öffentl.
Verkehrsmittel nicht verfügbar

➤ 1 / St. Katharinen-Kirche
➤ 2 / Leuchtturm Heiligenhafen
➤ 3 / Ocean Tower Klaustorf
➤ 4 / Landhaus Mittelhof
➤ 5 / Naturerlebnispfad
➤ 6 / Wassersportzentrum
Großenbrode ➤ 7 / Café Meerkieker ➤ 8 / Großenbroderfähre
➤ 9 / Fehmarnsundbrücke

Mecklenburger
Bucht

1 km

Großenbroderfähre

Großenbrode

Großenbrode

Großenbrode

Feldscheide

B 207

K 42

Lütjenbrode

Eichthal

K 42

STRANDHUSEN

ORTMÜHLE

Heiligenhafen - Ost

B 501

Baderstraße

Klaustorf

A 1

K 42

Naturschutzgebiet
Graswarder/Heiligenhafen

STADT-ANSICHTEN

Ich bin ganz verliebt in Neustadt in Holstein – eine niedliche Hafenstadt mit toller Architektur.

➤ **1 /** Start an der Schiffbrücke in der Altstadt von Neustadt in Holstein

➤ **2 /** Schönes Lager für Getreide: Pagodenspeicher Neustadt

➤ **3 /** Naturschutzgebiet Binnenwasser

➤ **4 /** Stilmix von außen nach innen: Basilika Altenkrempe

➤ **5 /** Gut Hasselburg: Kultur vom Feinsten im stattlichen Herrenhaus

➤ **6 /** Kuchen und mehr im ehemaligen Pferdestall: Café Cembalo

➤ **7 /** Bäuerliche Idylle im Gut Brodau

➤ **8 /** Blick auf die Neustädter Bucht am Leuchtturm Pelzerhaken

➤ **9 /** Warten auf die Wunderheilung: Iglesia und Hospital zum Heiligen Geist

➤ **10 /** Craft Beer & Fischbrötchen in Klüvers Brauhaus

AUF DEN SPUREN DER MÖNCHE

Rund um die historische
Hafenstadt Neustadt

Der gesamte Radfernweg Mönchsweg ist 1.000 Kilometer lang und führt von Niedersachsen durch Schleswig-Holstein bis Mecklenburg-Vorpommern. Wir beschränken uns auf knapp 25 Kilometer rund um die historische Hafenstadt Neustadt in Holstein im Landstrich Wagrien. Hier sind wir auf den Spuren der Mönche, die das Christentum im Mittelalter verbreiteten. Andererseits ist nichts schöner, als den lieben Gott an der Ostsee einfach sein zu lassen.

24 Kilometer
40 Höhenmeter ▲
40 Höhenmeter ▼
1:45 Stunden
Rundtour

Start an der Schiffbrücke Neustadt

1 / Neustadt in Holstein heißt bei Norddeutschen Niestadt in Holsteen, bei seiner ersten Erwähnung 1244 kannte man die Siedlung noch unter „Nighestad von Altenkrempe". Neustadt wurde im 18. und 19. Jahrhundert ein Knotenpunkt für den Ostseehandel, blieb aber trotz der guten Lage an der Lübecker Bucht stets hinter Kiel

CHARAKTER
Sportlich ●●●○○
Abkühlung ●●●○○
Schlemmen ●●●○○
Panorama ●●●●○

TOURENINFO / Wir fahren die meiste Zeit auf festem Untergrund, an den Landstraßen sind Radwege vorhanden. An der Küste teilen wir uns den Weg mit Fußgängern, so auch in Neustadts Zentrum.

◄ **links / Neustadt in Holstein mit Neustädter Binnenwasser**

und Lübeck zurück. Wir werfen einen Blick auf den Stadthafen, in dem einige Traditionssegler liegen und können uns das Treiben gut vorstellen. Bevor wir in Richtung Norden entlang des Binnenwassers fahren, bringt uns ein Gebäudeensemble kurz, aber heftig ins Staunen.

Schöne Kornspeicher

Drei imposante Kornspeicher wurden zwischen 1824 und 1830 errichtet: der Horn'sche Speicher vor dem Brücktor, der Hoff'sche Speicher in der Unteren Querstraße und unser Highlight: der 2 / Pagodenspeicher Neustadt. Walmdach und Bauweise erinnern wirklich an eine fernöstliche Pagode. Viel schöner kann man Getreide nicht lagern. Auf dem Dach sind Luken eingebaut, die die wertvolle Fracht vor der Verschiffung trockneten. Das Fundament besteht aus behauenen Findlingen.

ZWEI FISCHER

In wetterfestem Ölzeug stehen zwei Fischer auf dem Marktplatz in 1 / Neustadt in Holstein, beide mit entschlossenem Blick, einer mit wegweisender Hand.

Im Naturschutzgebiet

Das 3 / Binnenwasser bei Neustadt ist maximal drei Meter, durchschnittlich nur 90 Zentimeter tief. Als Naturschutzgebiet seit 1984 umfasst es sowohl die Brackwasserflächen als auch die Salzwiesen, geprägt durch einen Mix aus Süßwasserzufluss über mehrere Auen sowie Salzwasser aus der Ostsee. Ein kleiner Fotostopp am Infopoint, dann fahren wir weiter. Wir halten uns so nah wie möglich am Gewässer und folgen ab dem Ortsausgang den Schildern nach Altenkrempe. Nach einem Kilometer überqueren wir die Autobahn und landen im Dorf.

Imposanter Kirchenbau

Die 4 / Basilika Altenkrempe ist eine dreischiffige Backsteinkirche an einer „Crempene" genannte Siedlung, später Oldenkrempe genannt, woher sich der heutige Name ableitet. Ihr Bau wurde 1190 begonnen und ist ein spannender Stilmix: Sie weist sowohl roma-

> ➤ rechts oben / Die größte Reetscheune Deutschlands im Gut Hasselburg
> ➤ rechts Mitte / Einfahrt zum imposanten Herrenhaus

WIE IM MITTELALTER

Der mittelalterliche Stadtkern von 1 / Neustadt in Holstein ist weitgehend erhalten – mit Stadtkirche, Marktplatz und den Straßenzügen Grabenstraße, Waschgrabenallee, Schiffbrücke, Am Binnenwasser und Haakengraben. Wahrzeichen ist das Kremper Tor, einziges Überbleibsel der alten Stadtbefestigung.

nische als auch gotische Elemente auf, ihr mittelalterliches Innenleben wurde teils im barocken Stil umgestaltet, der Hochaltar ist von 1741. Nach diesem Besuch fahren wir nach Norden für einen lohnenden Abstecher.

TROCKEN-GELEGTE WASSERBURG

Gutsanlage Hasselburg

Dieser zusätzliche Kilometer bis zum 5 / Gut Hasselburg lohnt sich: Die gepflegte Anlage Hasselburg zählt zu den schönsten im südlichen Schleswig-Holstein. Die ursprüngliche Wasserburg Hasselborgia wurde um 1280 errichtet, nachdem sich nahe der Basilika Altenkrempe einige Siedlungen gebildet hatten. Den Burggraben legte man um 1700 trocken, um das alte Gebäude zu einem repräsentativen Herrenhaus umzubauen. Heute wird es für Kulturveranstaltungen genutzt. Beim Eintritt durch das ehemalige Burgtor öffnet sich die Anlage um einen großzügigen Platz mit imposanten Wirtschaftsgebäuden. Im Inneren finden sich viele Zeugnisse der damaligen Raumkunst, wie heimelige Gewölbe, Deckenmalereien und Darstellungen der griechisch-römischen Götterwelt. Die Alte Meierei im Gut Has-

selburg lässt uns im Kuhhaus in Kindheitserinnerung schwelgen: Im Fundus des Hörspielmuseums befinden sich Auszüge aus Produktionen wie Die Drei ???, TKKG, Hui Buh oder Fünf Freunde. Das 6 / Café Cembalo befindet sich im ehemaligen Pferdestall des Torhauses und bietet hausgemachte Speisen, Kuchen und Kekse (Fr–So, 9–18 Uhr). Wir fahren zurück nach Altenkrempe und biegen hinter der Kirche auf den Fahrradweg ein. Dieser führt uns im Verlauf wieder unter der Autobahn hindurch. Wir fahren durch Logeberg und Beusloe, queren die Bundesstraße 501. Die Straße führt uns nach Schashagen und zum nächsten Landgut.

1526

wurde das 6 / Gut Brodau angelegt, als der Baustil der Norddeutschen Backsteingotik schon langsam ausklang. Die Mauerkunst aus traditionell hergestellten Backsteinen ist hier vor allem am Torhaus und im Herrenhaus zu bewundern.

Ländliche Eleganz und bäuerliches Idyll

7 / Gut Brodau ist im Vergleich zur Hasselburg tendenziell bescheidener, besticht aber durch die sehr gut erhaltenen oder restaurierten, bäuerlichen Fachwerkhäuser. Dazu der idyllische, von Buchen gesäumte Hausteich, auf dem Enten und Gänse schwimmen und schnattern. Jetzt wird es aber Zeit für ein bisschen Ostsee! Wir fahren durch den Neustädter Ortsteil Rettin, der etwas weniger beschaulich ist und scheinbar im Wesentlichen aus Campingplätzen besteht. Wir biegen zur Küste ab, treten in die Pedale und fahren direkt bis Pelzerhaken.

◄ **links / Wegweiser Altenkrempe** ▲ **oben / Wunderschön: Das Torhaus von Gut Hasselburg**

Sehnsuchtsort Neustädter Bucht

Der 8 / Leuchtturm Pelzerhaken an der Strandpromenade steht mitten im Grünen, dort wo die Küste einen Knick macht. Wir fahren ein Stück weiter, bis wir kurz hinter der Seebrücke auf den Uferweg einbiegen. In einer Sackgasse mit Blick auf Strand und Meer steht eine Parkbank. Aber nicht irgendeine. Diese hat der Schauspieler Axel Prahl (bekannt z. B. aus dem Tatort) im Rahmen einer Aktion des Norddeutschen Rundfunks seinem Heimatort gewidmet. Darauf zu lesen ist ein poetisches Stück, das seine Sehnsucht nach diesem Ort seiner Kindheit ausdrückt: „Wenn alles was da lebt, nur lebt zumeist durch Wasser, so muss das Meer doch mehr sein, als nur Meer. Und wenn ich bin durchs Meer, so will ich dorthin gehen wohl, wenn ich dann gehen muss."

BERÜHMTE BANK-PATENSCHAFT

KM 17

Am Südstrand können wir vom 8 / Leuchtturm Pelzerhaken Kite- und Windsurfer beobachten, sie nennen den Spot auch „Hawaii der Ostsee". Die zahlreichen vorgelagerten Sandbänke, das flache Wasser und natürlich guter Wind sorgen ganzjährig für ideale Bedingungen.

Hoffen auf wundersame Heilungen

Wir suchen uns den nächstbesten Weg zum Wasser und fahren die Neustädter Bucht entlang, um wieder in Neustadt zu landen. Am Ende der Tour ist Zeit für eine Stadtrundfahrt (oder Rundgang). Erwähnenswert ist das Kremper Tor am Haakengraben, das einzige erhaltene mittelalterliche Stadttor in Neustadt mit einem schönen Treppengiebel. Der Unterbau stammt aus der Zeit der Stadtgründung. Mit Blick auf den Titel „Mönchstour" schließt sich der Kreis an der Schiffbrücke mit einem Besuch der Heiliggeistkirche 9 / Iglesia und Hospital zum Heiligen Geist. Sie wurde gemäß Gebäudeinschrift MCCCXLIV gegründet, also im Jahr 1344, als viele Pilger zur Reliquie im Kloster Cismar strömten und sich wundersame Heilungen erhofften. Für die Patienten, bei denen das Wunder ausblieb, dienten Kirche und Spital als Hoffnung für eine heilende Kur. Zurück am Ausgangspunkt an der Schiffbrücke in 1 / Neustadt in Holstein lassen wir den Tag bei Craft Beer und Fischbrötchen in 10 / Klüvers Brauhaus (Schiffbrücke 2-4, 23730 Neustadt in Holstein, Mo-So, 11:30-21 Uhr) ausklingen.

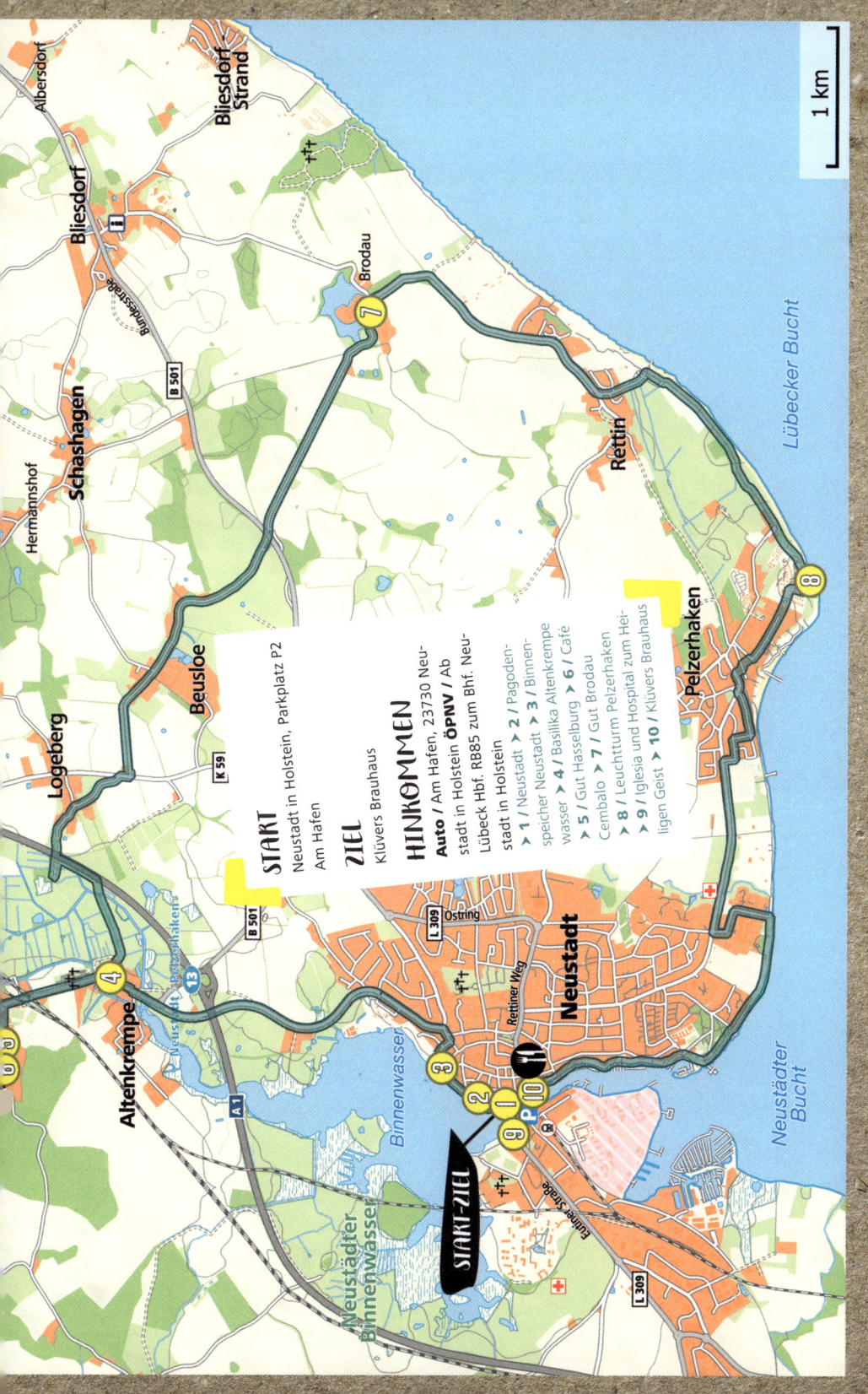

START
Neustadt in Holstein, Parkplatz P2
Am Hafen

ZIEL
Klüvers Brauhaus

HINKOMMEN
Auto / Am Hafen, 23730 Neustadt in Holstein **ÖPNV** / Ab Lübeck Hbf. RB85 zum Bhf. Neustadt in Holstein

▶ 1 / Neustadt ▶ 2 / Pagodenspeicher Neustadt ▶ 3 / Binnenwasser ▶ 4 / Basilika Altenkrempe ▶ 5 / Gut Hasselburg ▶ 6 / Café Cembalo ▶ 7 / Gut Brodau ▶ 8 / Leuchtturm Pelzerhaken ▶ 9 / Iglesia und Hospital zum Heiligen Geist ▶ 10 / Klüvers Brauhaus

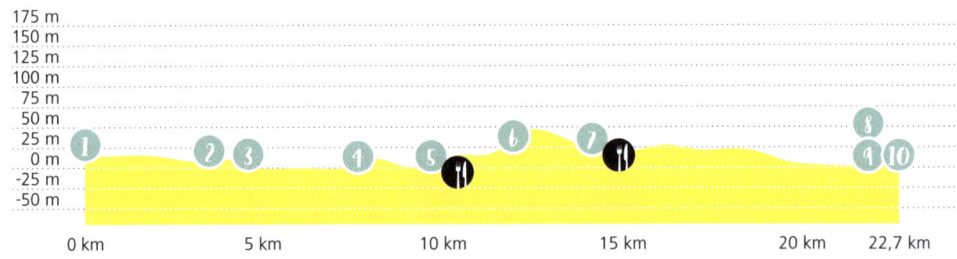

MARZIPAN!

Lübeck ist Marzipanstadt!
Trick 17: Ich hole mir Bruchmarzipan
in einer der Manufakturen. Ist
günstiger und ein toller Energieliefe-
rant unterwegs.

➤ **1 /** Start am Burgtor in Lübecks Altstadt

➤ **2 /** Oase am Stadtrand: Naturschutzgebiet Schell-bruch

➤ **3 /** Auf dem Treidelpfad an der Trave immer am Wasser entlang

➤ **4 /** Gepflegtes Reet-dachidyll im Fischerdorf Gothmund

➤ **5 /** Shuttle-Service durch Herreninsel und Herrentunnel

➤ **6 /** Schattenspender Waldhusener Forst

➤ **7 /** Pausenplatz für ein Picknick: Großsteingrab und Ringwall Pöppendorf

➤ **8 /** Viermastbark Passat, eine maritime Legende

➤ **9 /** Leuchtturm Trave-münde, der älteste in ganz Deutschland

➤ **10 /** Zug nach Lübeck ab dem Strand-Bahnhof Travemünde

AUF DEM TREIDELPFAD

Von *Fischern* und *Seglern*
zwischen *Lübeck* und *Travemünde*

Ohne Zweifel ist die Hansestadt Lübeck eine der attraktivsten Städte Schleswig-Holsteins, mit ihrem wunderschönen mittelalterlichen Stadtkern, sieben stattlichen Kirchen und gepflegten Stadthäusern. Reichtum und Wohlstand der Bürger spiegeln sich in der gesamten Altstadt, die vom Fluss Trave umschlossen ist. Wir starten heute nicht am berühmten Holstentor, sondern am nördlichen Burgtor von 1444.

23 Kilometer
50 Höhenmeter ▲
50 Höhenmeter ▼
1:30 Stunden
Streckentour

Königin der Hanse

Von den alten Stadttoren Lübecks sind das berühmte Holstentor und das weniger bekannte, aber sehr schöne 1 / Burgtor, das in die alten Kaufmannshäuser integriert ist, erhalten.

CHARAKTER

Sportlich ●●○○○
Abkühlung ●●●●○
Schlemmen ●○○○○
Panorama ●●○○○

In unmittelbarer Nähe befindet sich an der Burgtorbrücke linker Hand unten die Stadt-Trave mit dem Nachbau einer hölzernen Hansekogge, der „Lisa von Lübeck", und dem Europäischen Hansemuseum. Diese Tour führt uns – wie die Schiffe damals –

TOURENINFO / Ein sehr abwechslungsreicher Untergrund – von Kopfsteinpflaster über gute Radwege und asphaltierte Nebenstraßen bis zu naturbelassenen Wegen und Pfaden – verlangt nach einem eher rustikalen Rad. Rennradfahrer werden hier nicht glücklich.

◄ **links / Treidelpfad an der Trave zwischen Lübeck und der Ostsee**

aus Lübecks Altstadt heraus, in Richtung Ostsee. Am Ende unserer Brücke stehen zwei Lübecker Löwen: Lebensgroße Eisenguss-Skulpturen, die – wie Lübecks Dichtersohn Thomas Mann in seiner Novelle Tonio Kröger schrieb – „mit einer Miene (blickten), als wollten sie niesen". Wir fahren auf dem Fahrradweg etwa zwei Kilometer an der Travemünder Allee entlang, nehmen die Steigung zur Brücke, die die Hauptstraße quert, biegen nach links in den Sandweg, dann rechts in die verkehrsberuhigte Zone und folgen dem Straßenverlauf durch die Siedlungen, halten uns rechts. Der Forstmeisterweg bringt uns bis an einen Wald, in den wir auf dem Weg links gegenüber hineinfahren.

DIE KÖNIGIN

Die Hanse, ein Verbund von seefahrenden Kaufleuten, nahm in Lübeck ihren Anfang. Die Stadt dominierte den Ostseehandel über mehrere Jahrhunderte und wurde sehr reich. Lübeck wird darum Königin der Hanse genannt.

Naturoase in der Stadt

Durch das 2 / Naturschutzgebiet Schellbruch, ein ausgedehntes Wald- und Feuchtgebiet, führen naturbelassene Wege, die sehr schön, aber nicht leicht zu fahren sind. Hier und da versperrt auch ein umgeknickter Baum den Weg. Natur eben. Und die ist wirklich traumhaft: Wiesen, Teiche, Bäche, Gräben, Schwemmwiesen, Sümpfe, große und kleine Bäume, Sträucher, Tümpel und Schilfflächen … Ein vielseitiger Lebensraum, in dem über 200 verschiedene Vogelarten gezählt wurden. Der Weg führt hinunter zur Trave. Dort fahren einige Segelboote und Frachter den Fluss hinauf. Zu Zeiten der Hanse war das eher schwierig.

Wo Pferde- und Menschenkräfte Schiffe ziehen

Ein kleiner Weg mit Pflastersteinen, der am Ufer der Trave entlangführt, erinnert an mühsame Zeiten: der 3 / Treidelpfad an der Trave. Wehte der Wind aus einer ungünstigen Richtung oder zu schwach, wurden die segelnden Handelsschiffe von Pferden oder kleinere Boote von Menschenhand die Trave hinauf bis in den Hafen nach Lübeck gezogen.

➤ **rechts oben / Gepflegte Reethäuser im Fischerdorf Gothmund an der Trave ➤ rechts Mitte / Burgtor in Lübeck, einer fahrradfreundlichen Stadt**

1872

Das Sturmhochwasser am 13. November 1872 drückte das Wasser der Ostsee tief in die Trave hinein. Die Fluten erreichten 3,30 Meter über Normalnull, trafen das 4 / Fischerdorf Gothmund, das auf einem schmalen Landstreifen vor einem Steilhang liegt, und beschädigten die alten Häuser entsprechend stark.

LEBEN WIE ANNO DAZUMAL

Gothmund: Fischerei mit Geschichte

Wie das Leben an der Trave früher war, erahnen wir im 4 / Fischerdorf Gothmund, das 1502 zum ersten Mal erwähnt wurde (www.fischerdorf-gothmund.de). Das Rad schieben wir durch den gepflegten Fischerweg, auch um dem Ort gerecht zu werden und die Bewohner nicht zu stören: Wir entdecken einige kleine Fischerboote in dem alten, von Schilf umgebenen Hafen und denkmalgeschützte, mit Reet von der Trave gedeckte Häuser. Der erste Siedler war übrigens ein holsteinischer Lehnsmann, ein sogenannter Gode-Mann, der hier eine Fähre gepachtet hatte. Der Ort entwickelte sich aufgrund der vorteilhaften Nähe zur Ostsee und des natürlichen Schilfgürtels als Schutzhafen für Fischerboote.

Tunnel-Shuttle

Die 5 / Herreninsel und Herrentunnel lassen wir als Radfahrer aus. Denn der Herrentunnel ist ein für Autos mautpflichtiger Straßentunnel ohne Rad- oder Fußwege und wir nehmen den tagsüber kostenlos zur Verfügung stehenden Busshuttle für die

Durchfahrt (ca. alle 15 Minuten; nachts kann er über Rufsäulen angefordert werden: Tel. Kundencenter 0800/78 28 233). Die Haltestelle des Bus-Shuttles an der Strasse Am Stau, gegenüber der Einfahrt des Segler-Vereins Trave. Nach dem Tunnel: Ab der Haltestelle in Siems fahren wir über die Bundesstraße, um die Straße Kieselgrund zu erreichen, die uns nach Norden führt. An der nächsten Abfahrt nutzen wir die Brücke und überqueren die Bundesstraße erneut. Wir gelangen nach Kücknitz und in den 6 / Waldhusener Forst, einem tollen Schattenspender. Zu Beginn lohnt ein Blick durch die Bäume auf das Forsthaus von 1765 mit Backstein-Fachwerk und einem imposanten Reetdach. Wir biegen in den Wald ein und fahren auf breiten Straßen. Vorsicht, einige sind etwas schlaglöchrig.

Megalithisch!

Nah beieinander liegen 7 / Großsteingrab und Ringwall Pöppendorf und sind sehr sehenswert. Das sehr gut erhaltene Hünengrab ist von einem Ring aus kleineren Felsen umgeben. Der Ort ist ideal für eine stille Pause und ein mitgebrachtes Picknick auf der Bank. Wieder auf dem Rad, sehen wir eine Treppe, die auf den Ringwall Pöppendorf führt, der um 800 unserer Zeit von

1477

wurde gemäß Inschrift das berühmte Holstentor in Lübeck erbaut. Eine andere Inschrift lautet Concordia domi foris pax – Eintracht innen, draußen Friede.

◄ links / Großsteingrab Pöppendorf mit Steinkreis ▲ oben / Die Viermastbark Passat in Travemünde

EIN SCHÖNES FLECKCHEN ZUM VERWEILEN

slawischen Siedlern errichtet wurde. In Pöppendorf biegen wir an der Kreuzung nach links ab und in Ovendorf nach rechts Richtung Ivendorf und queren die Bundesstraße. In Ivendorf halten wir am Hof Thorn für einen nachhaltigen Einkauf im Hofladen, queren die Hauptstraße und gelangen links über eine Fahrradstraße nach Travemünde. Vom Fährterminal legen die Ostseefähren nach Schweden, Finnland und Lettland ab. Bevor wir das Zentrum und die Uferpromenade erreichen, fahren wir durch den Alten Fischereihafen, in dem immer noch ein Fischkutter mit frischem Ostseefang anlegt. Hier hätten wir Lust, mehr Zeit zu verbringen – vielleicht ja zum Abendessen oder in einer Bar.

Maritime Legende

Die 8 / Viermastbark Passat ist ein Stahl-Segelschiff mit eben vier Masten – einer der legendären Flying P-Liner. 1911 lief sie vom Stapel und wurde lang für den Weizentransport zwischen Australien und Europa eingesetzt. Heute ist sie Museums- und Eventschiff und liegt in Priwall am anderen Traveufer (übersetzen mit der Priwallfähre). Wir bleiben auf der Promenade und fahren weiter zum 9 / Leuchtturm Travemünde, der nicht irgendein Leuchtturm ist, sondern der älteste Deutschlands. Bereits 1226 ist ein erstes Hafenzeichen nachgewiesen, der Leuchtturm findet Erwähnung in einer Urkunde von 1330. Seine heutige Form erhielt er 1539. Ein maritimes Museum bringt Besuchern auf den acht Etagen die Schifffahrtshistorie näher.

39

Mal hat die 8 / Viermastbark Passat Kap Hoorn umrundet. Die Passat lief Heiligabend 1911 zu ihrer Jungfernfahrt aus. Mit 4.600 qm Segelfläche erreichte sie bis zu 18 Knoten – ihre Schnelligkeit als Frachtschiff machte die Flotte der Flying P-Liner einzigartig.

Historischer Strand-Bahnhof

„Zug nach Lübeck" steht riesengroß unter der Uhrzeit am nostalgischen 10 / Strand-Bahnhof Travemünde. Wir fahren gemütlich zurück in die Hansestadt Lübeck: 25 Minuten dauert die Fahrt. Am Bahnhof angekommen, fahren wir zum Holstentor und fahren entlang der Untertrave zu unserem Ausgangspunkt am 1 / Burgtor zurück.

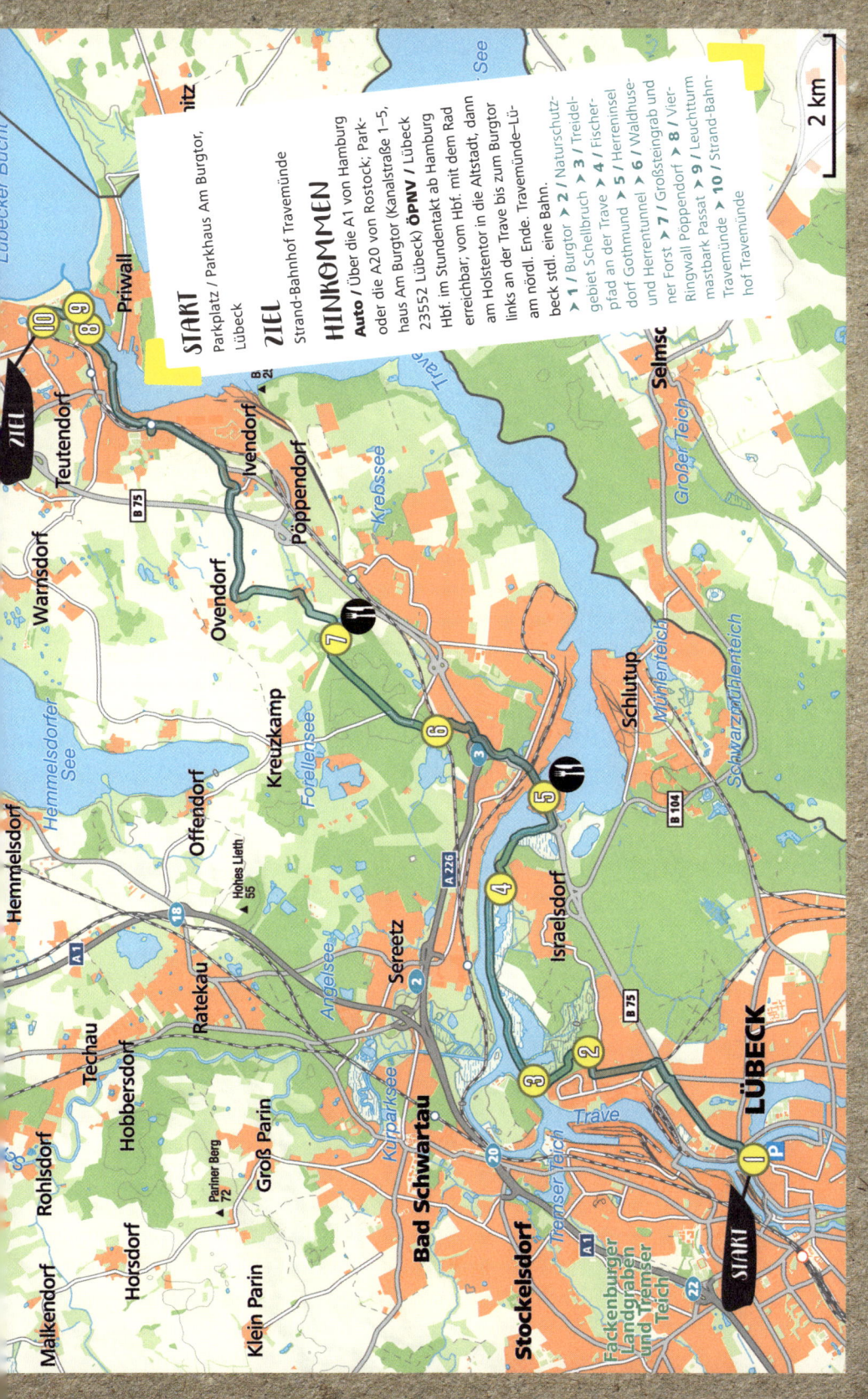

START
Parkplatz / Parkhaus Am Burgtor, Lübeck

ZIEL
Strand-Bahnhof Travemünde

HINKOMMEN

Auto / Über die A1 von Hamburg oder die A20 von Rostock; Parkhaus Am Burgtor (Kanalstraße 1–5, 23552 Lübeck) **ÖPNV** / Lübeck Hbf. im Stundentakt ab Hamburg Hbf. mit dem Rad erreichbar; vom Hbf. in die Altstadt, dann am Holstentor in die Altstadt, dann links an der Trave bis zum Burgtor bis Burgtor–Lübeck am nördl. Ende. Travemünde–Lübeck stdl. eine Bahn.

➤ 1 / Burgtor ➤ 2 / Naturschutzgebiet Schellbruch ➤ 3 / Treidelpfad an der Trave ➤ 4 / Fischerdorf Gothmund ➤ 5 / Herreninsel und Herrentunnel ➤ 6 / Waldhusener Forst ➤ 7 / Großsteingrab und Ringwall Poppendorf ➤ 8 / Viermastbark Passat ➤ 9 / Leuchtturm Travemünde ➤ 10 / Strand-Bahnhof Travemünde

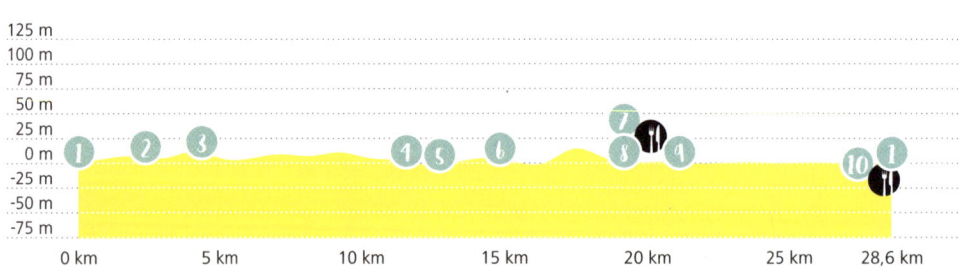

STEIFE BRISE!

Bei winterlichem Nordost-Wind aus arktischen Gefilden wird es eisig. Genau meine Kragenweite! Nur Mütze und wetterfeste Klamotte nicht vergessen …

➤ **1 /** Ein Klassiker in Rot und Weiß: Leuchtturm Falshöft

➤ **2 /** Anerkannt erholsam: das Dorf Pommerby

➤ **3 /** Gut Düttebüll: Landwirtschaft in schickem Ambiente

➤ **4 /** Schönes Gelting: Altes Pastorat und St.-Katharinen-Kirche

➤ **5 /** Schloss Gelting, der Ex-Besitz des dänischen Königs Waldemar

➤ **6 /** Mitten im Meer: Jachthafen Wackerballig

➤ **7 /** Stärkung für die Fahrt durch die Natur: Birklein Picknick-Station

➤ **8 /** Sie wacht über die Geltinger Birk: Mühle Charlotte

➤ **9 /** Wildpferde beobachten im Naturschutzgebiet Geltinger Birk

➤ **10 /** Idyllischer Ausklang im Café Lichthof in Falshöft

WILDES SCHLESWIG-HOLSTEIN

Zu den **Wildpferden** *im* **Naturschutzgebiet Geltinger Birk**

Die Geltinger Birk ist ein wunderschöner Mix aus Strand, Wald, Sumpf- und Salzwiesen. Viele Tiere fühlen sich hier wohl – wir können hier sogar wild lebende Pferde treffen! Wir heben uns das Beste aber bis zum Schluss auf und fahren zunächst in die entgegengesetzte Richtung.

29 Kilometer
25 Höhenmeter ▲
25 Höhenmeter ▼
2 Stunden
Rundtour

Achtung, Erholung!

Wir starten am Parkplatz beim Hundestrand Falshöft und fahren nach Süden. Der 28 Meter hohe 1 / Leuchtturm Falshöft (heute ein Standesamt) ist der Inbegriff des klassischen Leuchtfeuers – so stellen sich ihn schon Kinder vor. Hinter dem Campingplatz Seehof biegen wir rechts ab und fahren in das Dorf 2 / Pommerby, das eher eine verstreute Siedlung in Strandnähe ist. Pommerby entstand um 1400 aus einem alten Meierhof. Viel gewachsen ist es nicht, aber es ist ein "anerkannter Erholungsort" geworden

CHARAKTER

Sportlich ●●●○○
Abkühlung ●●●○○
Schlemmen ●●○○○
Panorama ●●●●●

TOUR, DIE DU SO NIE GEMACHT HÄTTEST

TOURENINFO / Die Tour verläuft außerhalb des Naturschutzgebietes auf Asphalt und ruhigen Nebenstraßen. In der Geltinger Birk sind breite, feste Natur- und Sandwege angelegt, die alle leicht zu fahren sind.

◄ **links / Ein traumhafter Tag im Naturschutzgebiet Geltinger Birk**

und auch wir fühlen uns schon nach wenigen Kilometern ziemlich gut erholt!

Wo Landwirtschaft schön sein darf

Ein Stück weiter liegt in aller Stille das 3 / Gut Düttebüll. Die dreiflügelige Gutsanlage ist bis heute ein landwirtschaftlicher Betrieb mit historisch wertvollen Wohn-, Stallungs- und Speichergebäuden. Das Dorf Kronsgaard, das durch das Gut Düttebüll begründet wurde, wird erstmals 1535 erwähnt. Vor dessen Ortseingang biegen wir zweimal rechts ab und fahren in Richtung Bobeck, dann durch Stenderup und nach Gelting.

Gelting: Angeliter Schönheit

LIBER CENSUS DANIAE
Das Schloss Gelting ist im dänischen Erdbuch von König Waldemar erwähnt. Das wertvolle Original aus Pergament wird im Staatsarchiv Kopenhagen ausgestellt.

Gleich nach der Querung an der großen Kreuzung mit der Nordstraße (B199) erreichen wir Gelting – das kleine, aber lebhafte Zentrum der Region Angeln. Uns fallen einige hübsche Häuser auf, allen voran die religiösen Repräsentanten 4 / Altes Pastorat und St.-Katharinen-Kirche.

Das Pastorenhaus ist eine Reetdachkate, ein Stück weiter steht der schöne Kirchenbau. Das Innere von Sankt Katharinen ist in blau-grau-weißen Farben und schlichtem, nordischem Stil gehalten. Gegenüber im Laden „Feinigkeiten" gehen wir einkaufen: Kaffee, Schokolade, Tee, Accessoires und andere feine Dinge.

Und wem gehört's? Den Dänen!

Hinaus aus dem Ort erreichen wir das 5 / Schloss Gelting – erstmals erwähnt im Jahre 1231 im Erdbuch des dänischen Königs Waldemar II., das die dänischen Besitztümer auflistete. Der Graben um die Hofanlage stammt noch aus dem Mittelalter und macht Gelting zum Wasserschloss. Es hat über die Jahrhunderte einige Anbauten erfahren: Der Ostflügel wurde im 15. Jahrhundert erbaut,

> rechts oben / Torhaus Schloss Gelting > rechts Mitte / Konikpferde leben wild im Naturschutzgebiet Geltinger Birk

KM 14

5 / Schloss Geltings interessantester Besitzer ist sicher Seneca Inggersen, Kaufmann und Seefahrer der Holländischen Ostindien-Kompanie. Er reiste bis China und Indonesien, und machte ein unfassbares Vermögen z. B. mit Zucker und Rum. Im Schloss sind in den Stukkaturen z. B. ein Segelschiff und Neptun dargestellt.

DAS DOMIZIL DES PASTORS

Das Alte Pastorat in Gelting ist ein richtig schönes, reetgedecktes Fachwerkhaus von 1733 und eines der ältesten Gebäude des Ortes.

der Westflügel ca. 1670, das Torhaus ist von 1754 und ab Ende des 18. Jahrhunderts wurde die Hofanlage um Stallungen und Streubesitz erweitert und das Herrenhaus nach holländischer Baukunst erneuert. In den Nebengebäuden sind aber Ferienwohnungen eingerichtet – einige auch direkt im Naturschutzgebiet, z. B. die Alte Mühle (Infos: www.schloss-gelting.de).

Schleswig-Holsteinische Wortspiele

Schilder mit lustig-sympathischen Ortsbezeichnungen wie Gammellück, Düstnishy und Kleinnadelhöft zaubern ein Lächeln in unsere Gesichter. Und das ist noch nicht alles: Wir fahren zum 6 / Jachthafen Wackerballig, der direkt ins Meer gebastelt und über einen langen, schmalen Damm erreichbar ist – das kann bei starkem Wind ebenfalls lustig werden, denn der weht hier nicht zu knapp. Pflichtstopp, sofern der Hafen offen steht, ist das Bar-Bistro Wackerpulco (Schleswig-Holsteiner sind Meister der Wortspiele!). Die Bar mit Boot-, Hafen- und Ostseeblick ist frequentiert von Seglern, Kitesurfern und sonstigen lässig-launigen Menschen. Wir

**TOUR,
DIE DU SO
NIE GEMACHT
HÄTTEST**

folgen aber den Schildern in Richtung Geltinger Birk und gelangen nach Norden zum Geltinger Noor.

Fischbrötchen, Suppe oder Kuchen?

In der 7 / Birklein Picknick-Station (Beveroe 1a, 24395 Nieby; Mo–Di, Do–So: 11–18; Mittwoch Ruhetag) stärken wir uns für die Fahrt durch das Naturschutzgebiet. Mit einem Fischbrötchen – womit sonst?! Andere geben Kaffee und selbstgebackenem Buchweizen-Kuchen sowie Blueberry-Chocolate-Cake den Vorzug. Bei kaltem Wetter sind die Suppen genial. Die Bedürfnisse nach und während so einer Tour sind eben verschieden – und im Birklein gibt es auf quasi alles eine Antwort.

Ein Holländer kurz vor Dänemark

Eine reetgedeckte Windmühle von 1826, wunderschön restauriert und denkmalgeschützt, steht allein auf weiter Flur am Goldhöftberg: die 8 / Mühle Charlotte. Sie wurde 1826 erbaut und ist ein sogenannter Erdholländer, heute ein privates Ferienhaus, und kann theoretisch auch Korn mahlen. Doch ihr ursprünglicher Zweck war die Entwässerung der Geltinger Birk. Sie transportierte das Wasser, das wegen der Eindeichung aus den Niederun-

1821

wurde das Große Noor, eine Nebenbucht der Ostsee eingedeicht, nachdem Sandablagerungen bereits für eine Versandung und das Verschwinden einer Insel gesorgt hatten. Die gesamte nordöstliche Ecke der Region Angeln ist heute das 9 / Naturschutzgebiet Geltinger Birk.

◄ links / Reetgedeckte Schönheit: Das Alte Pastorat in Gelting
▲ oben / Ein Klassiker in Rot-Weiß: Leuchtturm Falshöft

INSELHAFEN

Der 6 / Jachthafen Wackerballig liegt wie eine Insel mitten in der Ostsee und ist über eine 200 Meter lange Zugangsbrücke mit dem Festland verbunden.

gen nicht mehr abfließen konnte, mithilfe einer archimedischen Schraube in höher gelegene Gebiete.

Wildpferde schützen die einzigartige Landschaft

Das 9 / Naturschutzgebiet Geltinger Birk sucht wirklich seinesgleichen. Eine Besonderheit sind die Koniks, eine polnische Wildpferderasse und vermutlich direkte Nachfahren des ausgestorbenen europäischen Wildpferdes Tarpan. Die Tiere auf der Geltinger Birk wurden aus Holland hierher ausgewildert und gehören zu den wenigen freilebenden Wildpferden Europas. In friedlicher Koexistenz mit freilaufenden Rindern sorgen sie als natürliche Landschaftspfleger dafür, dass die halboffenen Weidelandschaften erhalten bleiben. Denn in diesen leben viele bedrohte Vogelarten, die auf ein intaktes Ökosystem angewiesen sind. Die mausgrauen Kleinpferde mit dunklen Mähnen und Schweifen sollen in ihrem Verhalten natürlich bleiben. Darum wird gebeten, keinen direkten Kontakt zu suchen, sie nicht anzulocken und Füttern ist streng verboten. Einige Kormorane fliegen über uns hinweg – in der Geltinger Birk befindet sich eine permanente Kolonie. Die Vögel wurden früher stark bejagt. Heute werden sie an kleineren Seen oft durch den Seeadler vertrieben, der Gelege plündert. Hier können sie nun in ausreichender Zahl brüten (300 Horste und mehr werden jährlich gezählt). An der offenen Ostsee schnuppern wir intensiv Seeluft in einem der wildesten Teile Schleswig-Holsteins.

Zum Schluss auf einen Kaffee

Dann fahren wir zurück in die Zivilisation in das entzückende Falshöft. Dort warten in einer Reetdachkate Kaffee und hausgemachter Kuchen auf uns: Im 10 / Café Lichthof sitzen wir bei herrlichem Wetter auf der mit bunten Blumen bepflanzten Vorgarten-Terrasse und lassen die Eindrücke Revue passieren. Unsere Tour endet am 1 / Leuchtturm Falshöft, wo wir sie begonnen haben.

2

Als Namensgeberin der 8 / Mühle Charlotte werden zwei Damen gehandelt: Charlotte Louise von Spörcken, Gattin von Seneca Inggersen, Herr von Schloss Gelting, oder (wahrscheinlicher) die Mecklenburger Herzogin Charlotte von Plessen, die in Schloss Gelting verstarb.

TOUR, DIE DU SO NIE GEMACHT HÄTTEST

START / ZIEL
Parkplatz am Leuchtturm Falshöft

HINKOMMEN
Auto / Sibbeskjär, 24395 Pommerby **ÖPNV /** keine öffentliche Anbindung

➤ **1 /** Leuchtturm Falshöft
➤ **2 /** Pommerby ➤ **3 /** Gut Düttebüll ➤ **4 /** Altes Pastorat und St.-Katharinen-Kirche ➤ **5 /** Schloss Gelting ➤ **6 /** Jachthafen Wackerballig ➤ **7 /** Birklein Picknick-Station ➤ **8 /** Mühle Charlotte ➤ **9 /** Naturschutzgebiet Geltinger Birk ➤ **10 /** Café Lichthof

Geltinger
Bucht

Flensborg
Fjord

**Naturschutzgebiet
Geltinger Birk**

⑨

Falshöft
⑩

START-ZIEL

Nieby

Goldhöftberg
K 58

⑧
⑦

Langfeld

Sibbeskjär
①

Gammeldamm

Seehof

Klein Nadeltöft

Niedamm

Pommerby
②

Boysenfeld

Mühlenbrück

Wackerballig
⑥

Kattrott

K 58

K 111

Golsmaas

⑤

Wattsfeld

Gelting

⑬

④

⑤

③

Ohrfeld

Börsby

Langfeld

Pottloch

Grüftlingsfeld

Bobeck

Langfeld

Kronsgaard

Stenderup

K 58

Viorr Au

B 199

Steensiek

Eckeberg

Gundelsby

K 111

Rabenholz

1 km

FEIERABEND

Der Sonnenuntergang taucht die Ostseestrände in chilliges Licht

MEHR ERFAHREN

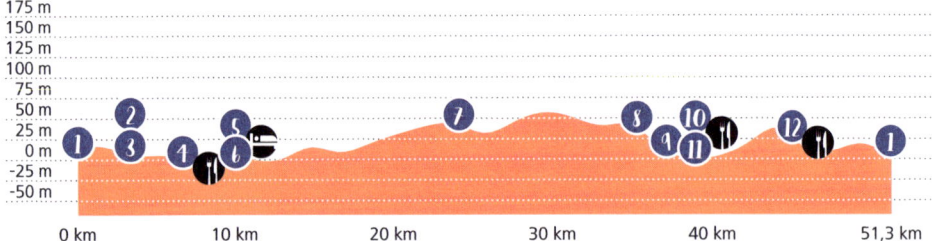

GEDULD ...

Die Flensburger Förde ist mein Lieblingsort. Hier sitze ich gern und warte, Schweinswale zu sehen. Etwas Glück gehört dazu, aber die Chancen stehen ganz gut!

➤ 1 / Weiße Schönheit: die Tour startet am Wasserschloss Glücksburg

➤ 2 / Romantische Landschaftsgestaltung: Turmruine Erlkron

➤ 3 / Spuren eines Riesen: die dänischen Ochseninseln

➤ 4 / Leuchtturm Holnis: Seezeichen mit Restaurant

➤ 5 / In der Ziegeleivilla übernachten wir ganz entspannt

➤ 6 / Salzwiesen und Seemannsgrab auf der Halbinsel Holnis

➤ 7 / Gelungener Wiederaufbau: aktive Windmühle Hoffnung in Munkbrarup

➤ 8 / Hölle Nord! Bester Bundesliga-Handball in der Flens-Arena

➤ 9 / Plop! Die Flensburger Brauerei und ihr Kultbier

➤ 10 / Letzter Hafen vor Dänemark: Flensburger Binnenhafen

➤ 11 / Östliche Altstadt: gepflegtes, historisches Seemanns-Viertel

➤ 12 / Flensburger Lebensgefühl an der schönen Solitüde

GLÜCKSTOUR

An der **Flensburger Förde** *entlang, mit* **Dänemark** *im Blick*

Das Abtauen der Gletscher Skandinaviens und große Mengen Schmelzwasser formten während der letzten Eiszeit (Weichsel-Kalt- zeit), die vor ca. 115.000 Jahren begann, die südschleswigsche Landschaft. Auch die Flensburger Förde ist die Ausschürfung einer Gletscherzunge. Wer Zeit mitbringt, entdeckt verwunschene Bachschluchten und spannende Steilküsten. Anfang und Ende dieser Tour befinden sich im beschau- lichen Glücksburg.

51 Kilometer
110 Höhenmeter ▲
110 Höhenmeter ▼
3:30 Stunden
Rundtour

Ist das Glück ein Schloss oder eine Burg?
Beides. Das 1 / Wasserschloss Glücksburg ist eine Wasser- burg. Ein dunkelblauer See aber, in dem sich eine weiße Burg, die grünen Bäume und der azurblaue Himmel mit seinen Schäfchenwolken spiegeln – das hat sogar über die Landesgrenzen hinaus Seltenheitswert. Darum nennt sich Glücks-

CHARAKTER

Sportlich ●●●○○
Abkühlung ●●●○○
Schlemmen ●●○○○
Panorama ●●●●○

TOURENINFO / Die vielseitige Tour hat vom Strandweg bis zum Radweg entlang der Landstraße alles zu bieten – ein möglichst vielseitiges Rad oder E-Bike ist von Vorteil. An der Förde ist abseits des Weges viel zu entdecken und auch ein Hüpfer nach Dänemark wäre denkbar – am besten man bleibt ein paar Tage.

◄ links / Das Glück ist ein Schloss, wie hier in Glücksburg

burg etwas nobler, also Schloss. Auf der Schlossallee satteln wir auf und biegen nach rechts in die Uferstraße, um vor dem Jachthafen nach rechts in Richtung Norden abzubiegen und Glücksburg zu durchqueren. Eine Brücke führt über die Schwennau, die in die Förde mündet. Es geht rechts Richtung Förde-Therme und zum Strand. Auf einem Privatgelände in der Schwennaustraße steht die 2 / Turmruine Erlkron (zugänglich auf Anfrage und an Tagen des offenen Museums), ein Beispiel für romantische Gartengestaltung.

NATURSCHUTZGEBIET PUGUMER SEE

Seeadler und Fischadler brüten dort regelmäßig. Betreten und Befahren ist verboten, aber mit Glück sehen wir einen der seltenen Greifvögel.

Der Riese, der nach Dänemark sprang

Wir fahren zum Fördeufer. Der Weg am Wasser ist schöner, aber eng – es ist gleichzeitig der Wanderweg „Fördesteig", der insgesamt 90 Kilometer lang ist. Hier haben Fußgänger Vorrang, und wenn uns jemand entgegenkommt, steigen wir vom Rad ab. Auf der anderen Seite der Förde liegt Dänemark mit Kollund und Sønderhav – und den beiden 3 / Ochseninseln. Der Sage nach versuchte einst ein Riese über die Förde zu springen. Doch er sprang nicht weit genug, landete im Wasser und als er hinaustrat, fielen ein kleiner und ein großer Lehmklumpen von seinen Schuhen: die Inseln Lille Okseø und Store Okseø waren geboren. Wir fahren weiter, erst auf dem Strandweg, dann auf dem Schausender Weg, der uns zum Hafen Schausende bringt.

Blick auf die dänische Südsee

Am Badesteg hinter dem Hafen ist Gelegenheit für einen Sprung in die Förde. Er liegt am 4 / Leuchtturm Holnis von 1967, in dem sich ein Restaurant befindet (Am Leuchtturm, 24960 Glücksburg, Mi–Sa 16–21:30, So 12–21:30 Uhr). Die Förde macht hier einen Knick und das dänische Ufer scheint zum Greifen nah.

➢ **rechts oben / Förde bei Schausende** ➢ **rechts Mitte / Die Ostsee an der Halbinsel Holnis**

1850

Ein Seemannsgrab auf der
6 / Halbinsel Holnis erinnert an den
Flensburger Steuermann Peter Thomson: Er kam mit seinem Segelschiff
aus Westindien und war an Cholera
erkrankt. Daher wurde dem Schiff das
Einsegeln nach Flensburg untersagt
und bei Holnis vor Anker gelegt,
wo der Steuermann verstarb.

VOLLE BESEGELUNG!

Werden Graupen gemahlen, braucht die 7 / Windmühle Hoffnung in Munkbrarup viel Wind – mindestens Stärke 6 und die Flügel drehen sich eindrucksvoll!

DIE DÄNISCHE SÜDSEE IM BLICK

Vom kleinen Noor zum Seemannsgrab

Für das Kleine Noor, an das sich das Holnis-Kliff mit Steilküsten anschließt, wünschen wir uns Zeit, um die Natur zu Fuß und in Ruhe zu genießen. In der märchenhaften 5 / Ziegeleivilla aus weißem Stein mit einem roten Dach (www.ziegeleivilla.de) könnten wir ein paar Tage bleiben. Ursprünglich war die 6 / Halbinsel Holnis eine Insel, wurde aber Ende des 19. Jh. zur Landgewinnung eingedeicht. Einige der Salzwiesen liegen unter Meereshöhe. Als Naturschutzgebiet ist die außergewöhnliche Landschaft sich selbst überlassen und bedeutende Kolonien verschiedener Zug- und Brutvögel lassen sich hier nieder. Die Flensburger Förde öffnet sich nun zur Ostsee – das Revier ist bei Freizeitkapitänen sehr beliebt: Voraus liegt der Süden von Fyn (Fünen), unter Seglern als „dänische Südsee" bekannt.

Von der Eiszeit zu den Wikingern

Hinter Bockholm biegen wir gleich nach dem Golfplatz nach links in Richtung Bockholmwik ein, um ein Stück der schönen, sanft hügeligen und von der Eiszeit geprägten Landschaft zu genießen, hier und da unterbrochen von Wäldchen, Weideland und mit abwechs-

lungsreicher Vegetation. Auch die Wikinger schätzten die Gegend: Sie ließen sich als Vieh- und Ackerbauern nieder. Wir passieren die Dörfer Siegum und Ringsberg und fahren nach Munkbrarup.

Der wiederaufgebaute Erdholländer

In Munkbrarup halten wir an der 7 / Windmühle Hoffnung. Ihre Besonderheit: Sie stand zuerst in Meierwik bei Flensburg und wurde 1868 vom damaligen Müller versetzt: Die gesamte Mühlentechnik und die Holzkonstruktion wurde von Zimmerleuten ordentlich zerlegt und per Pferd und Wagen nach Munkbrarup transportiert. Dort bauten sie den sogenannten Erdholländer mit einem gemauerten Unterbau wieder auf. Die Mühle ist noch aktiv: Die Müllerin bietet frisch gebackenes Landbrot, Mehl und andere Erzeugnisse. Wir fahren über die Dörfer Oxbüll und Maasbüll und dann an der Landstraße entlang auf direktem Weg in die Fördestadt Flensburg. Auf dem Campusgelände der Uni Flensburg wird's dann heiß!

In der Hölle Nord

An der SG Flensburg-Handewitt ist im Handball kein Vorbeikommen. Die legendäre Hölle Nord hat zwar mal Standort und Namen gewechselt, aber die jetzige 8 / Flens-Arena auf dem Campusgelände

1587

Der dänische Kronprinz Johann (Hans) der Jüngere baute das 1 / Wasserschloss Glücksburg weil er Platz brauchte: Mit seiner ersten Frau hatte er 14 Kinder, mit seiner zweiten neun. Er ließ vier Schlösser bauen, aber nur noch Glücksburg steht – seit 1587 fast unverändert.

‹ links / Idyllische Strecke in goldenen, sonnenbeschienenen Herbsttönen
ʌ oben / Die Halbinsel Holnis

beherbergt die wildesten Heimspiele der Handball-Bundesliga. Geht es drinnen heiß her, ist das auch im Vorbeifahren bemerkenswert!

Der oder das Flensburger?

Beides ist richtig: Der Flensburger trinkt das Flensburger. Oder vielmehr: das Flens – das Kultbier der 9 / Flensburger Brauerei mit dem charakteristischen Ploppen des Bügelverschlusses (ab 7° Kühle ist ein Flens übrigens „ploptimiert"). Besichtigung der nördlichsten Brauerei Deutschlands nach Anmeldung auf flens.de; alternativ ein spontaner Stopp im Plop-Shop. Wir fahren durch die Straßen Flensburgs nach Norden, zum 10 / Flensburger Binnenhafen. Skandinavisch-maritime Lebensart umgibt uns bereits im Beachclub an der Hafenspitze. Ein Stück weiter gönnen wir uns im Kanalschuppen (Am Kanalschuppen 6, 24937 Flensburg, Mo–So, 9–23 Uhr) als Zwischendurch-Belohnung vielleicht das Flens, aber sicher etwas Soulfood: Hier gibt es z. B. gute mediterrane Küche und Burger, aber auch Kaffee und Kuchen.

AHOI, DU LANDRATTE!
Das Fischereimuseum am 10 / Flensburger Binnenhafen ist selbsterklärend, zum Durchlaufen und begrüßt Besucher nach Art der Flensburger Fischer!

Altstadtidyll und letzter Halt: Solitüde

Bevor wir das letzte Stück an der Förde nach Glücks-

2

Meter lang sind Schweinswale. In der Flensburger Förde ziehen sie bevorzugt ihre Jungen auf. Schweinswale sind mit Delfinen verwandt und werden oft mit ihnen verwechselt. Unterscheidungsmerkmal ist ein runder Kopf mit einer stumpfen Schnauze. Sehr gut, um nach ihnen Ausschau zu halten, ist die 12 / Solitüde.

burg fahren, geht es hoch in die 11 / östliche Altstadt. In der langen St.-Jürgen-Straße mit ihren verantwortungsbewusst renovierten historischen Häuschen, Gängen und Gassen lebten viele Flensburger Seeleute und das maritime Flair ist bis heute spürbar. Wir fahren nach Mürkwik. Seit sich 1900 die kaiserlichen Seestreitkräfte hier ansiedelten, ist es einer der bedeutendsten Marinestandorte Deutschlands. Es mag also verwundern, dass sich ein so schöner Strand hier befindet: die 12 / Solitüde, von französisch solitude, Einsamkeit. Sie ist mehr als ein Strand, sie ist Flensburger Lebensgefühl. Nicht, dass wir furchtbar einsam wären. Aber wir wissen Ruhe und Stille durchaus zu schätzen. Wobei wir auch gegen einen fröhlichen Absacker mit Freunden im Strandbistro nichts einzuwenden haben. Einst befand sich die Solitüde im privaten Besitz des Baron Schack von Brockdorff zu Petersholm und Thomasgaard. Der hatte es gut – so wie wir, hier und heute. Die letzten fünfeinhalb Kilometer fahren wir auf der Uferstraße, die uns direkt an unseren Ausgangspunkt bringt, das 1 / Wasserschloss Glücksburg.

‹ links / Schaf mit Mütze in der Östlichen Altstadt in Flensburg
∧ oben / Flensburger Fischereihafen mit Blick auf die Altstadt

Tour 10

START / ZIEL
Wasserschloss Glücksburg

HINKOMMEN
Auto / Parkplatz am Schloss, 24960 Glücksburg **ÖPNV** / Zug nach Flensburg Hbf., dann per Bus nach Glücksburg

> **1** / Wasserschloss Glücksburg > **2** / Turmruine Erlkron > **3** / Ochseninseln > **4** / Leuchtturm Holnis > **5** / Ziegeleivilla > **6** / Halbinsel Holnis > **7** / Windmühle Hoffnung > **8** / Flens-Arena > **9** / Flensburger Brauerei > **10** / Flensburger Binnenhafen > **11** / Östliche Altstadt > **12** / Solitüde

Helligsø

Halbinsel Holnis

5

6

4

Neupugum

3

2

Danmark
Deutschland

Bockholm

Flensburger Förde

Höftland Bockholmwik und angrenzende Steilküsten

K 94

ℹ **Glücksburg**
Ⓟ
Ⓗ
1
✝✝

Bockholmwik

START-ZIEL

Rüde

Gut Freienwillen

L 268

L 96

K 97

Ulstrup

Tal der Langballigau

Grimbe

Ringsberg

B 199

Langballig

7

Munkbrarup

L 270

L 96

✝✝

Voldewraa

Bönstrup

Hodderup

Gut Lundsgaard

Gremmerup

L 268

✝✝

Grundhof

L 21

Husby

2 km

FÜR MUSEUMS-MUFFEL

Die Wikinger-Museen in Haithabu und am Danewerk haben es mir angetan: Sie erklären alles so klar wie möglich und so tief wie nötig. Gut gemacht!

> 1 / Start an der St. Andreas-Kirche Haddeby

> 2 / Norddeutsch-dänische Geschichte im Wikingermuseum

> 3 / Teil des Danewerks: Halbkreiswall von Haithabu und Verbindungswall

> 4 / Im Mittelalter europaweit bekannt: Wikingerstadt Haithabu

> 5 / Zum Gedenken an einen Königssohn: Großer Sigtrygg Runenstein

> 6 / Das unsichtbare Seesperrwerk Reesholm an der Schlei

> 7 / Der Runenstein Skarthi-Stein erzählt von dänischen Heldentaten

> 8 / Haupt-Verkehrsachse im Mittelalter: der Ochsenweg

> 9 / Einst Grenzwall, heute Mittler der Kulturen: Danewerk und Danewerkmuseum

> 10 / Kulinarischer Abschluss im Restaurant Odins Haithabu

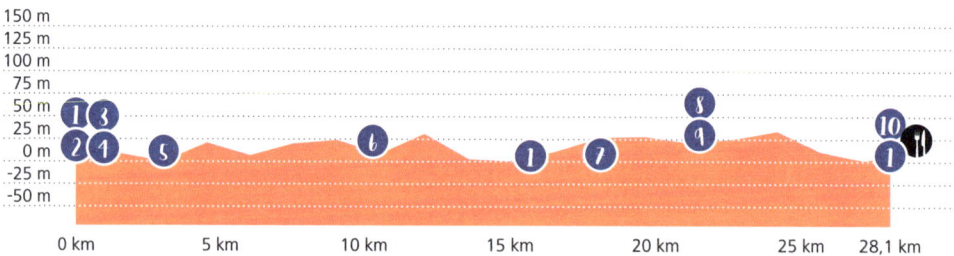

ZUM WELTKULTURERBE

Wikingerstadt **Haithabu**
und Grenzwall **Danewerk** *in*
Schleswigs Süden

Wir beschäftigen uns auf dieser Tour mit einem der wichtigsten Momente der dänisch-schleswig-holsteinischen Geschichte: der Wikingerzeit (8.–11. Jh. u. Z.). Der Seehandelsplatz Haithabu (dänisch: Hedeby) und die Wallanlagen des Danewerks (dänisch: Danevirke) sind seit 2018 Weltkulturerbe. Auf dieser Tour kommen wir an den wichtigsten Stationen vorbei.

28 Kilometer
80 Höhenmeter ▲
80 Höhenmeter ▼
2 Stunden
Rundtour

Start an der Kirche Haddeby

Haithabu ist in Schleswig gut ausgeschildert und liegt direkt an der Bundesstraße B76. Wir starten am Parkplatz an der 1 / St. Andreas-Kirche Haddeby. Im Inneren der Kirche finden sich einige bedeutende, mittelalterliche Skulpturen. Wir fahren dann in Richtung Haithabu und teilen uns den breiten Weg immer mit Fußgängern; hohe Bäume spenden Schatten.

CHARAKTER

Sportlich ●●●○○
Abkühlung ●●○○○
Schlemmen ●●○○○
Panorama ●●●○○

TOURENINFO / Die Tour verläuft auf Asphalt, bei den Wällen besteht die Möglichkeit, auf Naturwegen durch Alleen zu fahren. Die B76 und der Flughafen Jagel zerfasern die Tour manchmal (mit Kindern gut aufpassen). Radwege nach Danewerk und Haithabu sind häufig ausgeschildert.

◄ **links / Das Haddebyer Noor: einst ein wichtiger Seehandelsplatz**

Dänische Geschichte in Norddeutschland

Wir erreichen die zeitgemäßen Ausstellunghäuser, die das 2 / Wikingermuseum beherbergen. Einzigartige Originalfunde aus der mittelalterlichen Wikingerstadt Haithabu, ihrem Hafen und aus der Region sind zu sehen. Das Ticket kann gleich für die rekonstruierten Wikingerhäuser gelöst werden, die einen (kleinen) Teil des mittelalterlichen Stadtlebens zeigen.

Die halbe Stadtmauer

AUF DEM WALL

Nicht auf allen, aber auf einigen Abschnitten des Danewerks können wir auch mit dem Fahrrad fahren – sehr schön eingerahmt von Bäumen.

Ein Stück weiter kommen wir zum ersten Mal mit den Wallanlagen des imposanten (und heute leider etwas zerstückelten) Danewerks in Berührung. Der 3 / Halbkreiswall von Haithabu und der Verbindungswall gehören zur Wehranlage der Dänen. Sie sind frei zugänglich und von oben ist der Blick auf den großen See, das Haddebyer Noor und die rekonstruierten Häuser der ehemaligen Wikingerstadt Haithabu frei. Den teilweise mit Bäumen bewachsenen Wall kann man als halbe Stadtmauer verstehen, zur offenen Seite liegt das Haddebyer Noor. Dort befanden sich Landungsbrücken für Handelsschiffe.

Lage, Lage, Lage!

Als Stadt zählte rund um das Jahr 1000 unserer Zeit, was wichtig für den Handel in der Region war und eine strategisch günstige Lage hatte. Die 4 / Wikingerstadt Haithabu vereinte beides auf ganz besondere Weise. Dort, wo Schleswig-Holstein am engsten ist, nämlich am Ende der Schlei (einem Ostsee-Arm, der 40 Kilometer landeinwärts mäandert), ist die Nordsee nur rund 30 Kilometer nach Westen entfernt. Und der „Nordseehafen" Hollingstedt am Fluss Treene gar nur 16 Kilometer. Der Ochsenweg (auf den wir später noch treffen) verlief ganz in der Nähe von Nord nach Süd. 808 erkannte König Göt-

---

➤ **rechts oben / Ein kleiner Teil der Wikingerstadt Haithabu wurde authentisch rekonstruiert** ➤ **rechts Mitte / Weltkulturerbe seit 2018: Haithabu und Danewerk – Runenstein**

Archaeological Border complex of Hedeby and the Danevirke inscribed on the World Heritage List in 2018

850

Von der 1 / St. Andreas-Kirche Haddeby sagt man, sie sei um das Jahr 850 als erste Kirche in Schleswig-Holstein gegründet worden. Vermutlich ist sie doch etwas jünger, denn einige der Ziegel sind identisch mit denen, die auch für den Bau der Waldemarsmauer im Danewerk verwendet wurden, etwa aus dem 12. Jahrhundert.

ZOTTELIGE GÄRTNER

Highland-Rinder sind den mittelalterlichen Arten sehr ähnlich. Als relative Leichtgewichte sind sie ideal für die Beweidung auf Küsten- und Noorwiesen.

trik von Dänemark diese vorteilhafte Position und ließ Kaufleute aus Rerik in Haithabu (altnordisch Heiðabýr, in etwa: Heidehof) siedeln, um den Handel durch dänisches Gebiet zu leiten. Händler sparten sich den gefährlichen Seeweg um die Nordspitze Jütlands (Kap Skagen). Haithabu profitierte von der Lage an dieser wichtigen Transportachse und wurde so auch ein Ort der kulturellen Begegnung.

AUF DEN SPUREN DER WIKINGER

Natur und Runensteine am Selker Noor

Wir sind kulturell zwar schon weit, aber Kilometer haben wir noch nicht viele gefressen. Also fahren wir jetzt einmal ums Haddebyer Noor und queren das Selker Noor. Dazu wenden wir uns südwärts, fahren an der T-Kreuzung links. Die Straße beschreibt einen Bogen und wir biegen kurz vor der Kreisstraße links in einen Feldweg. 5 / Großer Sigtrygg Runenstein nennt sich die erste Nachbildung eines hohen Findlings, der mit Runen behauen ist. Es ist ein Grabstein für Sigtrygg, Sohn einer kurzzeitig in der Region herrschenden, schwedischen Königsdynastie, die aber von den Wikingern verdrängt wurde. Die Originalsteine, die rund um Haithabu gefunden

wurden, stehen im Wikingermuseum. Wir schultern unser Gefährt und tragen es über die Haddebyer Noorbrücke. Wer nicht tragen will, umfährt das Selker Noor südlich durch Selk und Niederselk, zwei sehr hübsche und beschauliche Dörfer. Wir fahren soweit möglich am Noor entlang und durch Loopstedt. An der Bundesstraße in Fahrdorf entscheiden wir uns für einen ca. acht Kilometer langen Abstecher und erreichen Stexwig. Dieser kleine Umweg verleiht dieser Rundtour sowohl einen sportlichen als auch einen weiteren kulturellen Aspekt, wenngleich wir ihn nicht sehen können. Alternativ könnten wir hier auch gleich links auf die Kieler Straße fahren und die Tour abkürzen. Machen wir aber natürlich nicht.

Das unsichtbare Seesperrwerk

Wir fahren hinunter zur Badestelle und zum Bootsanleger in Stexwig und blicken auf die Stelle, an der sich das 6 / Seesperrwerk Reesholm befand. Hier ist unsere ganze Fantasie und Vorstellungskraft gefragt, denn sichtbar ist es nicht: Sämtliche Überreste liegen unter Wasser. Hier errichteten die Dänen zur Verteidigung im Jahr 737 eine Sperre aus mehreren 4,5 x 5 Meter großen, massiven Senkkästen im Wasser, um feindliche Schiffe aufzuhalten. Nach einer Pause am ruhigen, schilfbewachsenen Steg, an dem einige private Boote liegen,

2500

Jahre alt sind die Moorleichen, die in Schloss Gottorf in Schleswig gezeigt werden. Die Sammlungen des Archäologischen Landesmuseums umfassen Millionen Fundstücke der Geschichte Nordeuropas von der Steinzeit bis ins Mittelalter – darunter viele aus Haithabu.

◄ links / Grenze der Dänen: Verbindungswall bei Busdorf ▲ oben / Die imposanten Wallanlagen des Danewerk

fahren wir zurück zur B76. Noch einmal fahren wir Richtung Haithabu. Noch vor dem Wall und den Wikingerhäusern halten wir uns nun rechts und fahren nach Busdorf. Wir überqueren die B77, dann an der T-Kreuzung links, an der Kreuzung mit der Alten Landstraße nach rechts in diese einbiegen und über die Bahngleise fahren. Rechter Hand unter Bäumen steht der 7 / Runenstein Skarthi-Stein, der von Heldentaten Skarthis, eines Gefolgsmannes des Dänenkönigs Sven, erzählt. Am Ortsende ist uns die A7 im Weg, wir hangeln uns auf dem Radweg entlang der Ausfahrt, gelangen zum Pendlerparkplatz und fahren geradeaus, am Bundeswehrflughafen Jagel entlang (Nicht erschrecken: Bei Übungsflügen wird es auf der Tour hin und wieder laut). Wir folgen den Schildern zur Gemeinde Dannewerk (mit zwei „n") und treffen auf eine der wichtigsten Verkehrsachsen des Mittelalters: den 8 / Ochsenweg. In diesen biegen wir ein und landen am Hauptwall des historischen Danewerks.

GRENZE DER DÄNEN

Nördlich des Danewerks siedelten die Dänen, südlich davon Slawen, Friesen und Sachsen. Das 9 / Danewerk und Danewerkmuseum erklärt die Zusammenhänge.

Von der Grenze zur kulturellen Verbindung

Am 9 / Danewerk und Danewerkmuseum steigen wir vom Rad ab, um die Wallanlagen genauer zu erkunden. Das Danewerk war eine Ost-West-Grenze von Schleswig bis fast zur Nordsee –

770

wurde die 4 / Wikingerstadt Haithabu gegründet. Das Wort „viking" hat viele Deutungen: „weite Schiffsreise", „auf Kaperfahrt gehen" oder „Seekrieger auf langer Fahrt von der Heimat entfernt". Die Wikinger waren aber auch Händler und Siedler – wie in Haithabu, der damals wichtigsten Handelsstadt an der Ostsee.

und der Ochsenweg die historisch bedeutende Nord-Süd-Route von Dänemark bis Hamburg. Dort, wo sich Straße und Wall kreuzten, befand sich ein Tor, das 2010 bei Ausgrabungen nachgewiesen wurde – ein Knotenpunkt des mittelalterlichen Handels. Heute ist das Danewerk von der UNESCO anerkanntes Weltkulturerbe und wird nicht mehr als Grenze, sondern als Verbindung zwischen Dänemark, Deutschland und den Kulturen der Welt verstanden.

Passender, kulinarischer Ausklang

Am Ende unseres Kulturprogramms gelangen wir auf dem Radweg an der B76 zurück zum Ausgangspunkt – und kehren im 10 / Odins Haithabu (Haddebyer Ch 13, 24866 Busdorf, Mo–So, 8–22 Uhr) ein, einem hemdsärmeligen und sehr guten Restaurant (in dem es nachmittags auch Kuchen und Torten gibt). Im Hofladen bekommen wir regionale und hausgemachte Spezialitäten, Wikingerbier, Konfitüren und mehr. Gegenüber an der 1 / St. Andreas-Kirche Haddeby endet unsere kleine Reise in die Vergangenheit.

‹ links / Der Skarthi-Stein, einer der Runensteine auf der Tour (Originale im Wikingermuseum) ⌃ oben / Reesholm-Seesperre-Schlei

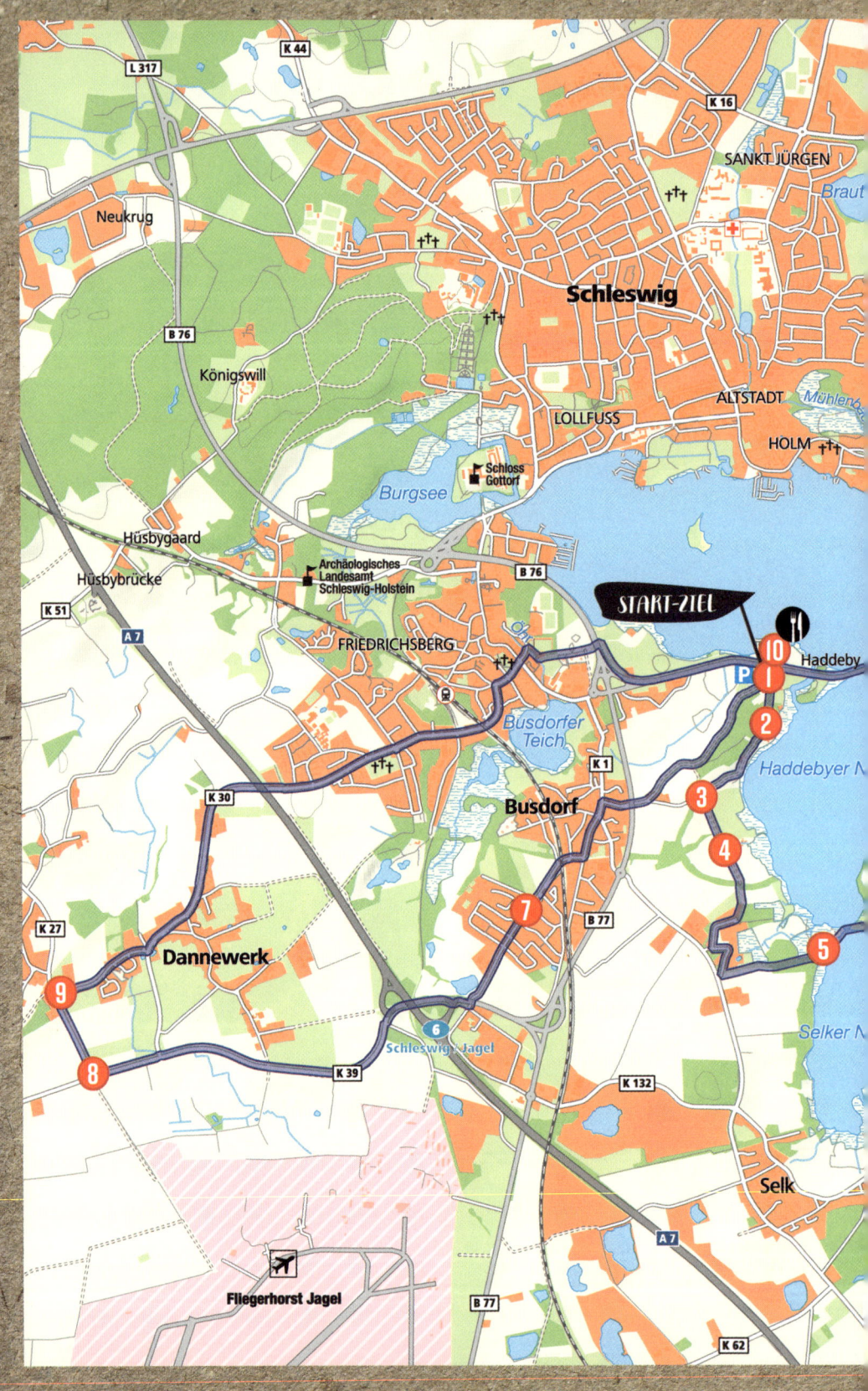

Füsing

Klensby

Winning
■
Dreilingseck

K 121

Schlei

HEIT

❻

Stexwig

Fahrdorf

K 36

Borgwedel

Loopstedt

Tour 11

START / ZIEL
Parkplatz an der St. Andreas-
Kirche Haddeby

HINKOMMEN
Auto / Parkplatz Haddebyer Kirche, 24866 Busdorf, Deutschland
ÖPNV / Von Kiel Hbf. mit der
RB74 nach Schleswig Hbf., von
dort mit dem Rad zum Ausgangspunkt (Haithabu ausgeschildert)
➤ **1 /** St. Andreas-Kirche Haddeby ➤ **2 /** Wikingermuseum
➤ **3 /** Halbkreiswall von Haithabu
➤ **4 /** Wikingerstadt Haithabu
➤ **5 /** Großer Sigtrygg Runenstein
➤ **6 /** Seesperrwerk Reesholm
➤ **7 /** Runenstein Skarthi-Stein
➤ **8 /** Ochsenweg ➤ **9 /** Danewerk und Danewerkmuseum
➤ **10 /** Restaurant Odins Haithabu

B 76

Stexwigfeld

Güby

Esprehmer Moor

K 36

K 1

K 54

Esprehm

Karlshof

Plönort

Geltorf

1 km

ABSEITS DES FERIENTRUBELS

Ich mag diese Tour, weil die Strecke immer wieder überrascht und sehr viel natürlicher ist, als der verbaute Ferienort Damp vermuten lässt.

> **1 /** Start am Schiff Albatros, das am Strand von Damp liegt

> **2 /** Wir springen in die Ostsee bei Fischleger

> **3 /** In die Ferne blicken an der Steilküste Booknis

> **4 /** Der seltene Meerkohl am Bookniseck

> **5 /** Dolmen und Steinkammergrab Langholz, frühzeitliche Siedlungsspuren

> **6 /** Heimische Gutsküche und Pferdezucht im Gut Ludwigsburg

> **7 /** Rothensande, wo sich Reh, Fuchs und Hase Gute Nacht sagen

> **8 /** Gut Damp, das Schmuckstück der Region

> **9 /** Eisenzeitlicher Kultkreis: Rote Maaß

> **10 /** Tourende und Ausklang im Jachthafen Damp

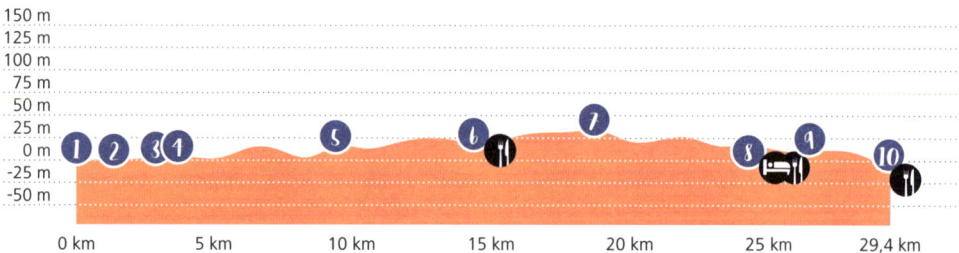

MEER UND MEERKOHL

*Die **Südküste** am*
***Ostseebad Damp** bis zur*
Eckernförder Bucht

Das Ostseebad Damp ist auf den ersten Blick wahrlich keine Schönheit, da hilft wenig, es jetzt Ostsee-Resort zu nennen. Aber wir wenden uns ja der südlichen Küste zu – und die ist eine naturbelassene Wohltat. Viele Tagesbesucher kommen aus den umliegenden Orten, und sogar aus Rendsburg und Eckernförde, um ausgiebige Spaziergänge mit ihren Hunden oder eben Radtouren zu machen.

29 Kilometer
50 Höhenmeter ▲
50 Höhenmeter ▼
2 Stunden
Rundtour

Dampland

Wir parken auf dem Parkplatz am Passatring im Ostseebad Damp, gleich vor dem Jachthafen. Die hohen, weißen Bauten der Hotel- und Klinik-Einrichtungen wirken heute reichlich aus der Zeit und Mode gefallen. Schon bei ihrem Bau 1972 fanden die Einheimischen sie einen „schockierenden Eingriff in die Natur". Aber für die Urlauber jener Zeit entsprachen die Hotelangebote genau den Erwartungen: Hauptsache groß, modern und mit vielen Freizeitangeboten. Ein

CHARAKTER
Sportlich ●●●○○
Abkühlung ●●●○○
Schlemmen ●●●○○
Panorama ●●●●○

TOURENINFO / Die Nebenstraßen sind gut befahrbar, weitestgehend auf Asphalt. Bei Rothensande geht es ein Stück über einen Beton- und Grasweg. An der Steilküste finden wir auch Sandwege. Alles ist insgesamt gut zu fahren.

◄ links / Eckernförder Bucht

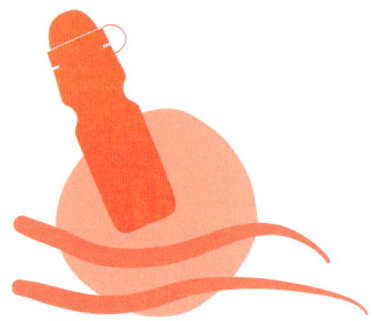

Wochenend-Probeurlaub für nur 20 Mark lockte gleich zu Beginn viele Gäste an und der Erfolg gab den damaligen Managern recht. Gleichzeitig ist Damp ein bekanntes Reha-Zentrum und verfügt über gute Kliniken und Therapie-Einrichtungen. Das Ostseebad Damp ist bis heute ein beliebter Ferienort, in dem es an nichts fehlt. Umso erstaunlicher, dass die Küste nach Süden noch gänzlich unbebaut ist. Und dahin fahren wir jetzt.

Ein Schiff am Strand

Das 1 / Schiff Albatros, ein schwarzweißer Frachter, der zwischen den Dünen, außerhalb seines eigentlichen Elements liegt, blickt auf eine bewegte Geschichte zurück: 1912 in der berühmten Meyer-Werft Papenburg gebaut, fuhr die Albatros erst als Frachtschiff auf der Flensburger Förde. Im 2. Weltkrieg rettete sie dann als Flüchtlingsdampfer vielen Menschen das Leben – und wurde daher nach Außerdienststellung nach Damp geschleppt, um dort als Gedenkstätte für die Rettung Vertriebener zu dienen. Die Besucher blieben jedoch aus, die Stätte geschlossen. Ein späterer Versuch mit einer geologischen Ausstellung scheiterte ebenfalls. Heute ist sie mietbare Event-Location und liegt im Rest der Zeit einfach pittoresk am Strand. Gleich daneben, an der Nieby-Mole mieten wir uns ein Rad (Verleih: damprad.de) und fahren los. Auf dem heute kaum frequentierten Schotterweg nach Süden erreichen wir zunächst den Strand Schwastrum.

TOLLE AUSBLICKE

Im Streckenabschnitt an der 4 / Steilküste Booknis gibt es immer wieder Bänke, auf denen wir Rast machen und die Eckernförder Bucht überblicken.

Spontaner Badestopp

Hier bei 2 / Fischleger mündet die Schwastruper Au (auch Bokenau) in die Ostsee. Fisch wurde hier sicher auch mal gefangen – heute dominieren der Campingplatz und die Strandeinrichtungen. In der Saison gibt es in der Bar Fischgräte Cocktails mit Meerblick. Schon Lust auf ein Bad in der Ostsee? Dann nichts wie hinein!

> rechts oben / Das Schiff Albatros am Strand von Damp
> rechts Mitte / Bequemer Radweg direkt am Meer

2000

Als das Ferienzentrum 1968 angelegt
wurde, entschied man sich für den
damals futuristischen Namen „Damp
2000". Das hatte sich irgendwann
überholt und seit Mitte der Achtziger-
jahre heißt der Ort Ostseebad Damp.
Vorher gab es dort, wo bis heute
Hochhäuser stehen, nur ein paar
Felder und Wiesen.

HEILIGER KUHFUZIUS

Eine gelbe Kuh wirbt an der Straße für das Restaurant Kuhhaus im 8 / Gut Damp mit seiner humorvollen und rustikal-gemütlichen Atmosphäre.

Meerkohl an der Eckernförder Bucht

Wir fahren weiter, immer nach Süden. An der 3 / Steilküste Booknis blicken wir von oben hinunter zum Strand. Hier beginnt die Eckernförder Bucht und dieser Küstenabschnitt birgt eine Besonderheit: Der fast ausgestorbene Meerkohl, ein grünkohlähnliches Gemüse, findet hier optimale Bedingungen, so dass seine „Wiedereinbürgerung" gelang und im Jahr 2004 an der Außenförde am 4 / Bookniseck über 100 blühende Exemplare gezählt wurden.

WIEDER-EINBÜRGE-RUNG DES MEERKOHLS

Archäologie bei Waabs und Langholz

Bei Waabs umfahren wir den Campingplatz, fahren dann wieder zur Ostsee, an die Steilküste Waabs und erreichen dann Langholz. Hier können wir noch zum Dolmen und 5 / Steinkammergrab Langholz abbiegen. Da nach dem Ort ein kleiner militärischer Übungsplatz folgt, biegen wir ins Landesinnere ab, fahren durch das Dorf, nach Lehmberg und bis zur Landstraße. Dort geht es nach links zum 6 / Gut Ludwigsburg. In der Gutsküche gibt es Kaffee, Kuchen

und regionale Speisen (Mi–So, 12–19 Uhr). Außerdem ist immer ein Wiehern zu hören: Im Gestüt ist man stolz auf seine Trakehnerzucht, aber auch Araber und Hannoveraner werden hier aufgezogen. Wer mag, fährt noch ein wenig weiter und erreicht links die restaurierte Megalithanlage Waabs-Karlsminde.

Idyllische Alleen

Wir fahren ein Stück zurück und biegen dann links in die nächste Straße in Richtung 7 / Rothensande ein. Erst geht es durch eine wunderschöne Allee, bis sich die Landschaft in weite Felder öffnet. In der Dämmerung kreuzen einige Rehe in der untergehenden Sonne unseren Weg. Der Ort, an dem Fuchs und Hase sich Gute Nacht sagen – der muss genau hier sein. An Gabelungen eher links halten und den Schildern des Radwegs Richtung Vogelsang-Grünholz folgen. Dort geht es nach rechts auf die Landstraße nach Damp.

Das Schönste an Damp

Bevor wir in Damp einfahren, halten wir zunächst noch beim Schönsten, das Damp zu bieten hat: Das 8 / Gut Damp ist ein echter Geheimtipp abseits des Ferientrubels. Ein traditioneller Guts-

KM 14

Auf 6 / Gut Ludwigsburg ist oft ein Wiehern zu hören: Hier werden Trakehner, Araber, Holsteiner und Ponys gezüchtet. Dabei hieß es früher mal nach einem anderen Tier: Kohöved ist dänisch für Kuhkopf. Das alte Torhaus aus Backstein stammt aus dem 16. Jh.

◀ links / Hier lang zum Restaurant Kuhhaus ▲ oben / Gemütliche Sitzgruppen vor der imposanten reetgedeckten Fachwerkscheune von Gut Damp

hof, dessen Ländereien lang im Besitz der Bischöfe von Schleswig waren. Die imposanten, reetgedeckten Fachwerkscheunen und Wirtschaftsgebäude liegen von einem Wassergraben umsäumt, über den eine Brücke durch das schöne Torhaus führt. Hohe Linden flankieren den Weg zum Herrenhaus von 1595, ein mondäner Ersatz für das erste Gebäude von 1436, ein Haus für die bischöflichen Jagdgäste. Heute können wir in Lofts im Country-Style übernachten. Mit der Familie ist das Gut Dorotheenthal, der alte Fachwerk-Meierhof von Gut Damp am Ortseingang, zu empfehlen. Im Restaurant Kuhhaus reservieren wir ein Plätzchen für ein schickes Abendessen. Es ist die erste Adresse am Ort für feine holsteinische Küche, insbesondere die Wildgerichte haben es uns angetan.

FÜR SEGLER
Schnell erreichbar und abwechslungsreich liegt direkt vor der Haustür ein Top-Segelrevier: Schlei, dänische Südsee, Eckernförder Bucht oder die Flensburger Förde.

Früh- und eisenzeitliche Kultstätten

Ein geschichtlicher Abstecher muss noch sein: Wir fahren von Damp gegenüber in die Straße Richtung Schuby. Zunächst befindet sich auf der linken Seite das Großsteingrab Damp, das allerdings weitgehend zerstört ist, sodass nur Kenner erahnen, was sich dort verbirgt. An der nächsten Gabelung sehen wir ein kleines Wäldchen auf einem Acker (Privatgrund).

54

Der 10 / Jachthafen Damp liegt auf dem 54. Breitengrad, genauer: 54° 35' N / 10° 016' O und ist angeblich sogar für Seeräuber und Wikinger offen. An den 14 Stegen schlendern wir zwischen Traditionsseglern, Familienbooten, Fischkuttern und schicken Hochseejachten entlang – ein toller maritimer Ausklang!

![Baumbestandene Nebenstraße](full-width photo at top of page)

Dort befindet sich eine Kultstätte der nachchristlichen Eisenzeit: Die 9 / Rote Maaß ist ein Steinkreis von zehn Metern Durchmesser, errichtet aus neun Findlingen, die nach der Sonne ausgerichtet sind. Genutzt im zweiten bis vierten Jahrhundert, ist sie heute von Farn und Brombeeren überwuchert. Wir können daraus erkennen, dass die Region wichtig für die frühzeitlichen Kulturen war – und man in neuerer Zeit eher andere Schwerpunkte legt. Damit fahren wir zurück nach Damp.

Maritimer Ausklang

Wir finden eine Reihe von Restaurants und Bistros im maritimen Ambiente des 10 / Jachthafen Damp. Auch nur für einen Absacker, um den an die Masten klingenden Leinen zuzuhören, finden wir am Ziel unserer Tour einige Möglichkeiten: von der schicken Gin- und Cocktailbar Hammaburg (täglich 18–0 Uhr) bis zur hemdsärmeligen Spelunke Dat Ship (täglich 15–22 Uhr) ist jedem Geschmack Genüge getan.

◄ links / Seegelboote im Hafen von Damp ▲ oben / Wir fahren auf von Bäumen und Feldern gesäumten Nebenstraßen

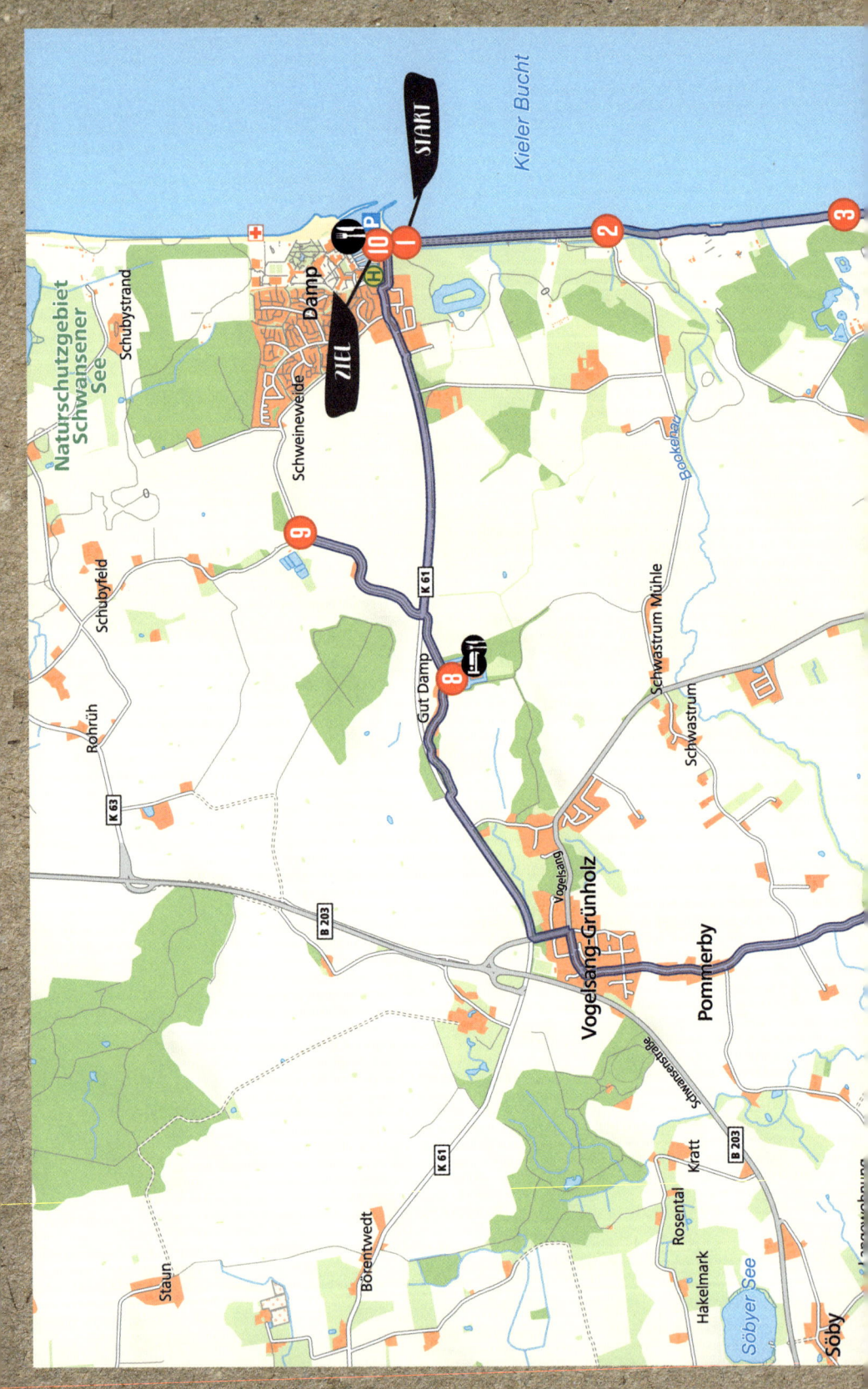

TOUR 12

START
Schiff Albatros

ZIEL
Jachthafen Damp

HINKOMMEN

Auto / Parkplatz am Strand,
24351 Damp **ÖPNV** / Mit dem
Bus ab Eckernförde, umsteigen
am ZOB Vogelsang-Grünholz
> **1** / Schiff Albatros > **2** / Fisch-
leger > **3** / Steilküste Booknis
> **4** / Bookniseck > **5** / Stein-
kammergrab Langholz > **6** / Gut
Ludwigsburg > **7** / Rothensande
> **8** / Gut Damp > **9** / Rote Maaß
> **10** / Jachthafen Damp

1 km

Naturpark Schlei

Hökholz

L 26

Schmiedestraße

Waabs

Hopfenhof

Aschenberg

Mühlenstraße

L 26

Hohlgrund

Kronsberg
48

Radeland

LANGHOLZ

Lehmberg

Kummerteich

Schlehenhof

Rothensande Siedlung

Gläsholz

Rußland

Moorau

Ludwigsburg

Ludwigsburg

L 26

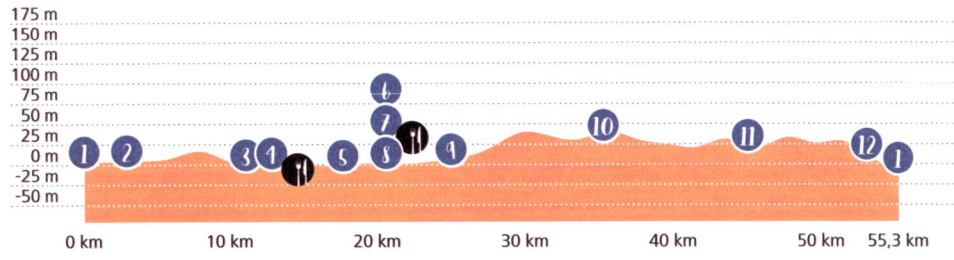

KLEINE AUSZEIT

Als ich in Laboe wohnte, gehörte diese Tour in der Probstei – mal kürzer, mal länger, mal hier, mal da lang – zu meinen kleinen Auszeiten vor der Haustür.

➤ **1 /** Start am U-Boot Marine-Mahnmal Laboe

➤ **2 /** Von der Seebrücke Stein über Kieler Förde und Ostsee blicken

➤ **3 /** Landidyll und Probsteier Bauernhäuser in Barsbek

➤ **4 /** Glück zu! wünscht man in der voll mahlfähigen Krokauer Mühle

➤ **5 /** Traumziel Kalifornien – an der Ostsee, so lässig wie das Original

➤ **6 /** Beliebt und entspannt: Ferienort Schönberger Strand

➤ **7 /** Wie in guten alten Zeiten: Omas Kaffeestuuv

➤ **8 /** Eisenbahn-Romantik am Museumsbahnhof Schönberger Strand

➤ **9 /** Ländlich einkaufen im Hofladen im Kälberstall

➤ **10 /** Prächtiger Rittersitz mit weiten Ländereien: Gut Salzau

➤ **11 /** Nach Probsteierhagen zum Schloss Hagen

➤ **12 /** Modernes, maritimes Flair im Laboe Baltic Bay Hafen

13

SCHÖNE PROBSTEI

*Ostsee- und Landluft
in Laboe, Schönberg
und Probsteierhagen*

Diese Runde durch die Probstei ist sportlich zu fahren – lange Strecken über Hügel mit Feldern und Wäldern, wir atmen die klare, gesunde Ostseeluft. Immer wieder kommen wir durch schöne Gehöfte und Dörfer – die Landwirtschaft hat die Probstei wohlhabend gemacht. Wir starten aber maritim.

55 Kilometer
65 Höhenmeter ▲
65 Höhenmeter ▼
3:45 Stunden
Rundtour

Start: ein U-Boot an Land

Wir starten in Laboe (gesprochen als ö, aber bitte nie – wirklich nie – mit zwei Punkten schreiben), das ausgangs der Kieler Förde liegt. Dass es um das Jahr 1200 ein slawisches Fischerdorf namens Lubodne war, ist ihm heute nicht anzumerken. Laboe ist ein moderner Urlaubsort und auch beliebt bei Seglern – zum Ende unserer Tour fahren wir durch einen der modernsten

CHARAKTER

Sportlich ●●●●○
Abkühlung ●●●○○
Schlemmen ●●○○○
Panorama ●●●●○

Jachthäfen an der Kieler Förde. Wir starten aber am Ortsausgang, am technischen Denkmal U995, dem 1 / U-Boot Marine-Mahnmal Laboe. Das U-Boot

TOURENINFO / Die Tour verläuft auf Land- und Neben-straßen die entweder über einen straßenbegleitenden Radweg verfügen oder verkehrsarm sind. Achtung bei Querungen der Bundesstraße. Deichwege teilen wir uns mit Fußgängern.

◄ **links / Ausgang der Kieler Förde bei Laboe, auch bei Schietwetter schön**

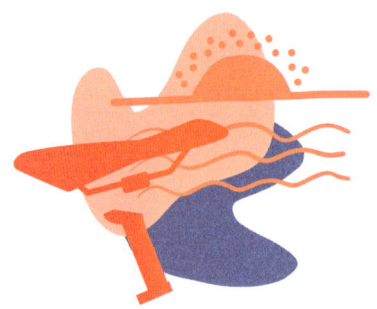

steht seit 1972 an Land, im falschen Element. Was für uns gut ist. Denn ob am Anfang oder am Ende: Eine U-Boot-Besichtigung ist auf einer Fahrradtour ja eher selten im Angebot. Wir lassen die Förde links und fahren aus dem Ort hinaus in Richtung Stein.

Am Ende der Kieler Förde

Ausgangs der Förde weht fast immer ein kräftiger Wind und wir haben ordentlich zu treten. Auch auf dem Wasser ist darum immer viel los (wer es ruhig angehen will, sitzt in den Strandkörben der Kite- und Surfschule „Tatort Hawaii"). Wir machen einen Schlenker auf die 2 / Seebrücke Stein – der Blick über die offene Ostsee nach Dänemark ist fast nirgendwo so schön. Wir fahren in Stein erst südlich auf den Dorfring, der durch flache Felder bis nach Lutterbek führt. Sehenswert ist dort die Wassermühle von 1286 und die Alte Lutterbeker Schmiede von 1628. Weiter ins Binnenland queren wir die Bundesstraße 502, fahren nach Prasdorf und dort biegen wir links ab. Jetzt gibt es eine gute Dosis Landluft.

EIN BAHNHOF ALS FILMSTAR

Der 8 / Museumsbahnhof Schönberger Strand mimt im Film „Die Buddenbrooks" (nach dem Roman von Thomas Mann) den alten Lübecker Hauptbahnhof.

Schöne Bauernhäuser

Barsbek, Krokau und Wisch liegen eng beieinander und wir finden eine gute Idee, von der Route abzuweichen, die einzelnen Dörfer zu erkunden und die gut gepflegten Gärten und Häuser anzuschauen. Besonders 3 / Barsbek hat es uns angetan: Den Ort gibt es seit 1281 und gilt als eines der schönsten Dörfer Deutschlands, mit seinen gepflegten Bauernhäusern und Reetdachkaten, die von dem Wohlstand der gesamten Region Probstei zeugen. Wenn wir nach oben an die Dächer schauen, ist häufig ein Fisch als Wetterfahne zu sehen, die Windrichtung und -geschwindigkeit anzeigt: Der Barsch, der in den Gewässern beim Dorf schwamm (diese wurden Beken genannt) gab

---

➤ **rechts oben / Technisches Museum und Marine-Mahnmal U995 am Strand von Laboe** ➤ **rechts Mitte / Brasilien liegt in Schleswig-Holstein gleich neben Kalifornien**

1

Für den Symbolbetrag von einer D-Mark kaufte der Deutsche Marinebund das Schiff U995, das nach dem Ende des zweiten Weltkriegs als Kriegsbeute an Norwegen gefallen war, und der Bundesrepublik Deutschland als Zeichen der Versöhnung und zur friedlichen Nutzung als Museumsschiff wieder überlassen wurde.

Brasilien
Gemeinde Schönberg
Kreis Plön

IRRGARTEN PROBSTEIER-HAGEN

Das 2.000 m² große Heckenlabyrinth ist die perfekte Beschäftigung für mitfahrende Kinder, denen droht langweilig zu werden.

dem Ort seinen Namen. Besonders hübsch ist Barsbek übrigens am Dorfanger (einem grasbewachsenen Platz) im Frühling zur Krokusblüte.

„Glück zu!"

EINE RICHTIGE WINDMÜHLE

Über die Schönberger Straße erreichen wir in Nullkommanichts Krokau – und ein echtes Schmuckstück: die 4 / Krokauer Mühle. Eine wunderschöne, vollständig und liebevoll restaurierte und natürlich voll mahlfähige Windmühle. 1972 erbaut von Theodor Petersen ist sie ein sogenannter Kellerholländer. Die Mühle steht auf einem Erdwall. Unten luden die Pferdefuhrwerke ihre Ernte ab. „Glück zu!" ist der Müllergruß, den wir mit auf die weitere Fahrt nehmen. Wir fahren an der Landstraße weiter durch Wisch, biegen dann am Kreisverkehr nach links ab und gelangen nach Kalifornien!

An den anderen Enden der Welt

„Kielifornia" nennen wir das Strandbad 5 / Kalifornien albernerweise. Vor allem, wenn es windig ist oder regnet, ist der Name die größte Irreführung der Welt. Schleswig-Holsteiner Humor eben. Ein

Foto mit dem Ortseingangsschild ist Touri-Pflicht – ähnlich wie das des benachbarten Brasiliens. Es ist ja auch etwas Besonderes, beim Ostseeurlaub am anderen Ende der Welt zu sein.

Entspanntes Ostsee-Feeling

Wir fahren ein Stück des Ostseeküstenradwegs bis zum 6 / Schönberger Strand, einem beliebten, aber entspannten Ferienort. Hier lässt sich die Ostsee genießen, ohne in ein zu enges Ferienkorsett gezwungen zu werden. Die Möwen trappeln auf dem Deichvorland nach Würmern und wir suchen uns in 7 / Oma's Kaffeestuuv (Promenade 15, 24217 Schönberg, Mo–So, 12–18 Uhr) einen gemütlichen Platz, um bei Torte, Kuchen oder Waffel den guten alten Zeiten nachzuhängen. Bei Schietwetter ist dies der richtige Platz für eine heiße Schokolade.

Eisenbahn-Romantik

Von der Promenade fahren wir zurück in den Ort hinein und folgen noch kurz den Schildern zum 8 / Museumsbahnhof Schönberg, der frei zugänglich ist. Die Museumseisenbahn ist in der Saison an jedem Wochenende auf der Strecke Schönberger Strand – Schönberg unterwegs, auf satten vier Kilometern. Sonderzüge wie eine alte Dampflok mit historischen Wagen fahren bis nach Kiel.

19

Die 19 Probsteier Gemeinden bauen jährlich eine Figur aus Stroh und Strohballen – und zu den Korntagen im Juli/August wird ein Sieger für das schönste Stroh-Kunstwerk gekürt. Immer wieder begegnen uns am Wegesrand aktuelle oder schon etwas verwitterte Werke.

‹ links / Ein Schmuckstück in der Probstei: die Krokauer Mühle
⌃ oben / Da, wo die Ostsee selbst entspannt: Schönberger Strand

Probsteier Landleben

Auf dem kürzesten Weg, der Strandstraße, geht es nach Schönberg. Am Kreisverkehr am Ortseingang fahren wir geradeaus, nach wenigen hundert Metern halten wir uns rechts, und folgen der Ostseestraße. Um uns dem Probsteier Landleben auch kulinarisch zu nähern, gehen wir im 9 / Hofladen im Kälberstall (Wrömmelsberg 3, 24217 Schönberg, Do–Di, 9–12 und 14–17 Uhr, Mi Ruhetag) shoppen. Hier gibt es Eier, Eingemachtes und saisonales Gemüse aus eigenem Anbau.

Rittersitz zu verkaufen

Wir fahren nach Süden, durch Höhndorf und Gödersdorf und machen einen Schlenker zum Rittersitz 10 / Gut Salzau an das nordwestliche Ende des Selenter Sees, in den die Salzau mündet. Gemäß Kieler Stadtbuch hatte es der Ritter Otto von Salzau im 13. Jahrhundert zu Lehen erhalten und wechselte häufiger die Besitzer. 1881 wurde es nach einem Brand neu aufgebaut. Auch in neuerer Zeit fehlt ein echter Gutsherr (oder Gutsdame) – einer nach dem anderen verspekulierte sich wegen der immensen Kosten für Instandhaltung und Pflege des 4.000 qm großen Herrenhauses (plus 120.000 qm Wirtschaftsgebäude, Felder und Schlossgarten).

JA, IST DENN SCHON WEIHNACHTEN?
Die besondere Atmosphäre im 11 / Schloss Hagen lässt sich besonders an den ersten drei Adventswochenenden auf dem Weihnachtsmarkt erleben.

1568

erhielt der Gasthof in Probsteierhagen das Brennrecht und brannte den beliebten Kümmel (plattdeutsch „Köm"). 1860 folgte am gleichen Ort das Probsteier Brauhaus. Ein Nachfahre der Braumeister-Familie bewahrt heute diese alten Traditionen und braut das Bauernbier Probsteier Art „Moltrecht" und brennt Bio-Kümmel.

In und um Probsteierhagen

Über Stoltenberg und Fahren geht es entlang des Passader Sees durch pure Idylle: Hier grasen glückliche Kühe, das Korn wird von der Sonne beleuchtet, Kraniche fliegen über uns hinweg ... Wir erreichen Probsteierhagen mit seinem mittelalterlichen Dorfkern rund um die Backsteinkirche von 1259. Ein bisschen versteckt hinter einem Wohngebiet und hohen Bäumen liegt das adlige 11 / Schloss Hagen, das mit seiner schmucken Backsteinfassade auf uns wie eine Märchenburg wirkt. Vor einigen Jahren aufwändig saniert, finden vor und im Schloss Konzerte, Theaterspiele und Märkte statt. Wir folgen den Schildern nach Brodersdorf und kehren zurück nach Laboe, wo wir im modernen 12 / Laboe Baltic Bay Hafen wieder maritime Luft schnuppern. Der Ort hat eine bewegte Hafengeschichte, über die wir mehr im Fischereihafen und im Gewerbehafen mit Museumssteg erfahren. Um unsere Tour zu beenden, fahren wir die Strandpromenade entlang und landen wieder am Ausgangspunkt, dem am 1 / U-Boot Marine-Mahnmal Laboe.

◀ links / Schloss Hagen in norddeutscher Backsteingotik ∧ oben / Hasenschule aus Stroh, eine Kreation der Probsteier Korntage

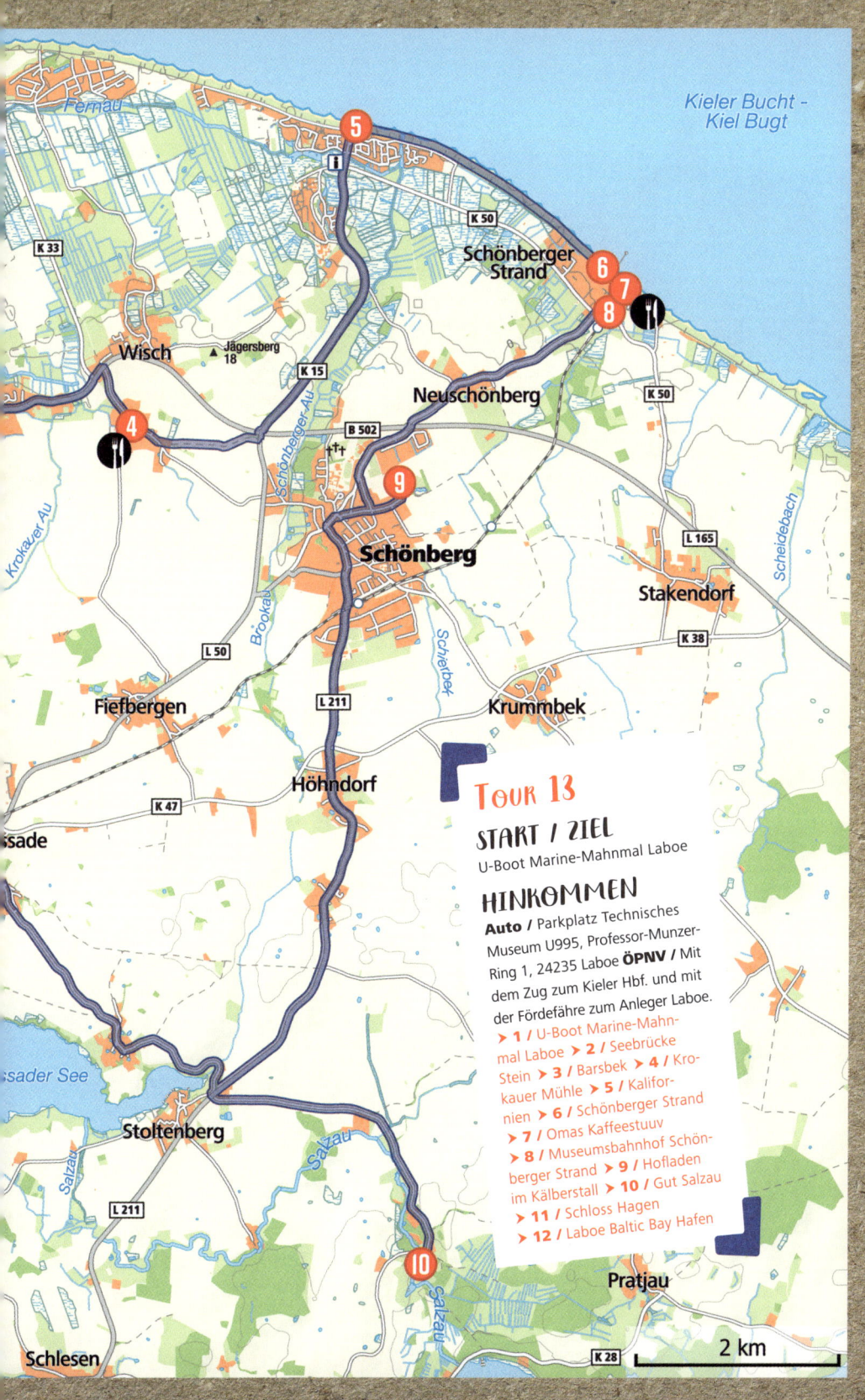

Kieler Bucht -
Kiel Bugt

Fernau

K 33

Jägersberg
▲ 18

Wisch

Schönberger
Strand

K 50

Neuschönberg

K 15

B 502

K 50

Schönberg

Stakendorf

L 165

Scheidebach

Fiefbergen

L 50

Brookau

Schreibek

Krummbek

K 38

L 211

Höhndorf

K 47

ssade

Krokauer Au

ssader See

Stoltenberg

L 211

Salzau

Salau

Schlesen

Pratjau

K 28

2 km

TOUR 13

START / ZIEL
U-Boot Marine-Mahnmal Laboe

HINKOMMEN
Auto / Parkplatz Technisches
Museum U995, Professor-Munzer-
Ring 1, 24235 Laboe **ÖPNV /** Mit
dem Zug zum Kieler Hbf. und mit
der Fördefähre zum Anleger Laboe.

❯ **1 /** U-Boot Marine-Mahnmal Laboe ❯ **2 /** Seebrücke
Stein ❯ **3 /** Barsbek ❯ **4 /** Krokauer Mühle ❯ **5 /** Kalifornien ❯ **6 /** Schönberger Strand
❯ **7 /** Omas Kaffeestuuv
❯ **8 /** Museumsbahnhof Schönberger Strand ❯ **9 /** Hofladen
im Kälberstall ❯ **10 /** Gut Salzau
❯ **11 /** Schloss Hagen
❯ **12 /** Laboe Baltic Bay Hafen

WIND UND WETTER

Ich fahre diese Tour auch gern bei „echtem“ Wetter: Scheint die Sonne auf die Brandung, während über dem Meer dunkelgraue Wolken hängen, ist die Ostsee spektakulär!

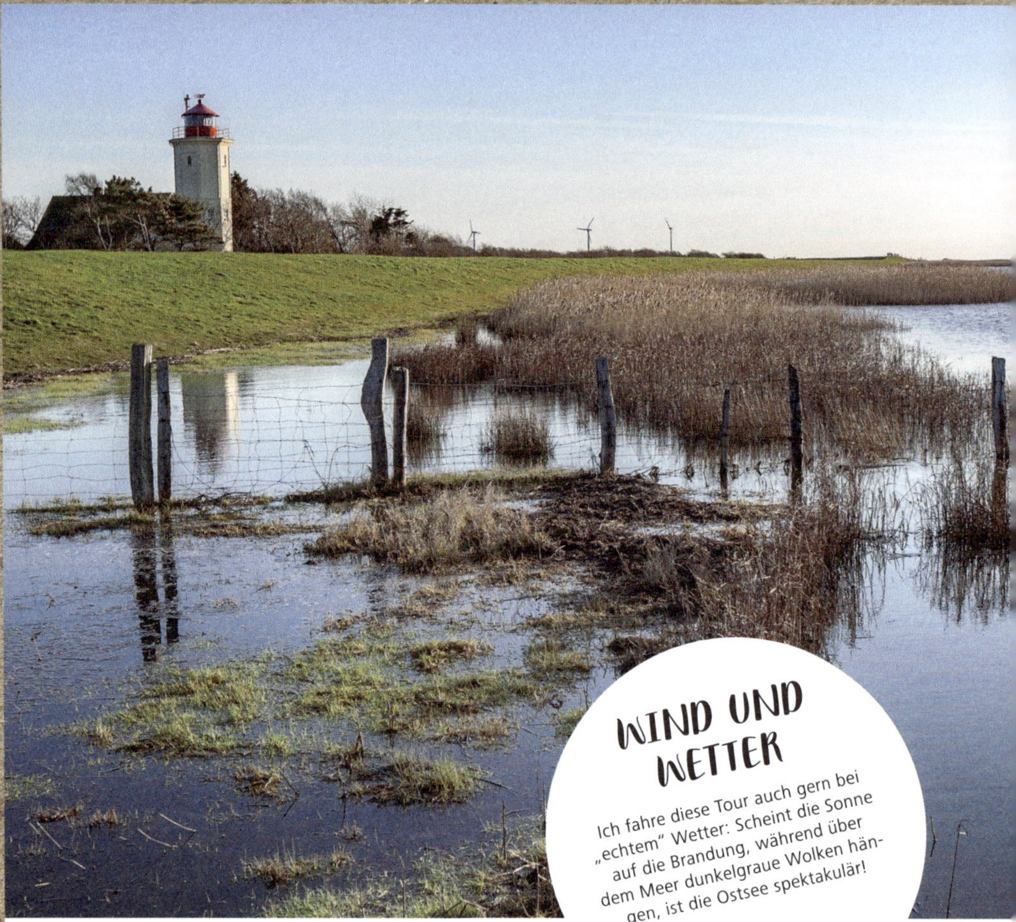

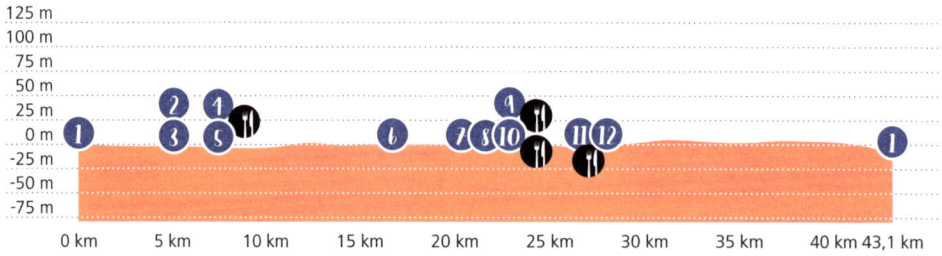

› **1 /** Start am Parkplatz Niobe-Denkmal und Naturschutzgebiet Grüner Brink

› **2 /** Von der Ostsee umspült: Nördliche Seeniederung mit Salzwiesen und Lagunen

› **3 /** Weiter Ostseeblick am Westermarkelsdorfer Huk, dem äußersten Eck Fehmarns

› **4 /** Ostseestöpsel – Bitte nicht ziehen!

› **5 /** Ein Fischbrötchen auf die Faust aus Georgs Fischkiste

› **6 /** Letzter Auftritt einer Legende: Jimi-Hendrix Gedenkstein

› **7 /** Bester Platz zum Sonnenuntergang Leuchtturm Flügge

› **8 /** Windige Bucht am Krummsteert und Orther Reede

› **9 /** Traditionshafen in Orth in maritimer Klinkerarchitektur

› **10 /** Seit 40 Jahren mehr als ein Hafenimbiss: Kap Orth

› **11 /** Gute Fischküche in der gemütlichen Aalkate Lemkerhafen

› **12 /** Segelwindmühle und Mühlenmuseum, mitten im Feld

125 m
100 m
75 m
50 m
25 m
0 m
-25 m
-50 m
-75 m
1
2
3
4
5
6
7
8
9
10
11
12
1
0 km
5 km
10 km
15 km
20 km
25 km
30 km
35 km
40 km 43,1 km

SO GEHT FEHMARN!

Durch das Wasservogelreservat
der Ostseeinsel

Die Vogelfluglinie, die kürzeste Reiseroute zwischen Kopenhagen und Hamburg, bringt uns an die Nordküste Fehmarns. Sie ist die Flugroute von Zugvögeln wie Kranichen und arktischen Wasservögeln auf ihrem Weg zwischen Skandinavien und Mitteleuropa. Fehmarn diente großen und kleinen Zugvögeln als Zwischenhalt. Genau diese Gebiete erkunden wir – bei einem konstanten Wind mit 20 Knoten aus Ost. Wir starten also mit Rückenwind, was sehr angenehm ist.

43 Kilometer
10 Höhenmeter ▲
10 Höhenmeter ▼
2:45 Stunden
Rundtour

Natürlich-sportliche Koexistenz

Wir starten am Parkplatz beim Niobe-Denkmal, beim Ausgang des Naturschutzgebietes 1 / Grüner Brink. Das knapp 130 Hektar große Areal liegt vor dem Landesschutzdeich und ist der Ostsee direkt ausgesetzt. Der Strand und seine drei Strandseen verändern sich

CHARAKTER
Sportlich ●●●●○
Abkühlung ●●●●●
Schlemmen ●●●●○
Panorama ●●●●●

TOURENINFO / Stets an der Küste und durch Naturschutzgebiete ist ein gut bereiftes Rad zu empfehlen, wenngleich die meisten Deichwege und Nebenstraßen gut befahrbar sind. Dem Ostseewind direkt ausgesetzt sind warme Klamotten wichtig. Am besten in mehreren Lagen, falls es doch sonnig und warm wird.

◀ links / Traumtour für radfahrende Naturfreunde

daher ständig – was für ein besonders gutes Nahrungsangebot für Wasservögel sorgt. So haben sich seltene Arten den Grünen Brink als Brutplatz ausgesucht. Aber auch der Mensch findet es hier schön: Ein beliebter Kitespot befindet sich am östlichen Ende des Strandes. Mensch und Natur finden hier erstaunlich gut zusammen. Die Kiter respektieren die Schutzzonen und die Tiere kommen trotzdem immer wieder – oder fliegen gar nicht erst weg: Einige Kolonien bestehen ganzjährig. Die ersten fünf Kilometer geht es nun immer geradeaus, Richtung Westen. Das nächste Naturschutzgebiet wartet schon.

Vorfahrt für die Natur

NIOBE-DENKMAL

Ein Findling und ein Mast erinnern an die 69 ertrunkenen Seeleute des Segelschulschiffs Niobe, das vor 1 / Grüner Brink bei Schlechtwetter kenterte.

Die gesamte nordwestliche Ecke Fehmarns gehört zum Naturschutzgebiet 2 / Nördliche Seeniederung. Wir bleiben unbedingt auf dem Weg und überblicken vom Deich die Landschaft und die dort lebende Vogelwelt. Zu Fuß kommen wir über einen sandigen Naturpfad an die ganz äußerste, nordwestliche Ecke Fehmarns, die 3 / Westermarkelsdorfer Huk. Ein Huk ist ein Haken – erinnert ein bisschen an Captain Hook, nur dass es hier ein natürliches Kap oder eine Landecke ist. Wir überblicken die beiden Binnenseen, die Strandwiesen (auf denen heute Schafe weiden) und natürlich die Ostsee.

Den Stöpsel bitte nicht ziehen!

Der 4 / Ostseestöpsel ist ein echtes Kuriosum! Die Fehmarner erzählen ihren Kindern, dass die Ostsee wie eine Badewanne leerläuft, wenn man diesen Stöpsel zieht. In Wirklichkeit ist es ein umgekipptes Seezeichen, das nur sieben Jahre alt wurde: Erst durch Sturmfluten geschwächt, gab es im Eiswinter 1942 nach, sank und neigte sich in seine heutige Lage. Wer hier Hunger verspürt, findet hinterm Deich bei 5 / Georgs Fischkiste (Westermarkelsdorf 36–42, 23769 Fehmarn, Mo–So, 11–17 Uhr) ein feines Fischbrötchen. Am Fastensee vorbei

> rechts oben / Natuschutzgebiet Grüner Brink, mit Radwegen vorm Deich
> rechts Mitte / Leuchtturm Flügge

25

Seemeilen weit reicht das Oberfeuer
des achteckigen 7 / Leuchtturm
Flügge von 1916 im Südwesten Fehmarns – also bis zu den dänischen
Inseln. Zuvor stand an gleicher Stelle
erst eine Gruppe von Bäumen, die
Seefahrern Orientierung gab, das
Flügger Holz, und dann im 19. Jh.
ein 18 Meter hohes Leuchtfeuer.

SONNEN-UNTERGANG

Am 7 / Leuchtturm Flügge sind wir auf Du und Du mit dem orange leuchtenden Stern, wenn der Wind langsam nachlässt und die Stille nach Fehmarn zurückkehrt.

geht es nach Bojendorf. Bereits 1231 als Boyaenthorp erwähnt, beschädigte 1872 eine Sturmflut die auf Meereshöhe liegenden Häuser, so dass die Menschen umsiedelten. Einige wenige große Bauernhäuser blieben stehen.

Ein Hauch von Woodstock

Weiter an der Küste entlang, finden wir den 6 / Jimi-Hendrix Gedenkstein. Der Findling ist über zwei Meter hoch und schlappe sechs Tonnen schwer. Ihn zieren eine Fender-Gitarre und der Name der Woodstock-Legende Jimi Hendrix. Warum ausgerechnet hier? Im September 1970 fand auf Fehmarn das legendäre Love-and-Peace-Festival statt. Der gute Jimi hatte hier seinen letzten, öffentlichen Auftritt, bevor er starb und von den Bühnen der Welt verschwand. Wir fahren weiter Richtung Süden, an der Küste entlang, vorbei am Campingplatz nach Flügge. Sobald der Weg auf Wasser trifft, biegen wir rechts ab.

LOVE AND PEACE

Sonnenuntergang am Leuchtturm

Der 7 / Leuchtturm Flügge ist einer der weltbesten Plätze für Sonnenuntergänge. Hier in der reinen, weiten und atemberau-

benden Natur sind kaum Menschen, außer jetzt wir. Der Leuchtturm in polygonaler Klinkerbauweise ist sicher einer der schönsten an der Ostsee. Doch noch schöner ist der endlose, weite
Blick. Wer tagsüber ankommt, hat an klaren Tagen eine gute
Chance, die dänischen Inseln zu erspähen.

Windige, krumme Bucht

Wir fahren zurück zur weiten Bucht 8 / Krummsteert und Orther Reede. Krummsteert ist plattdeutsch für „krummer Schwanz", denn das
Landschaftsschutzgebiet an der Orther Reede wird von einer gebo-
genen Landzunge nach Westen eingerahmt. Sie entstand durch Sand
und Steine, die die Brandung der Ostsee der Insel im Nordwesten
abgerungen hatte. Bis heute trägt die starke Strömung Material nach
Süden, das sich hier ablagert. Allein in den letzten 50 Jahren wuchs
der Krummsteert um knapp einen Kilometer. Dieser Lebensraum ist
wichtig für den Erhalt der Biodiversität, da er unterschiedlichsten Vogelarten Heimat bietet, wie der vom Aussterben bedrohten Zwergseeschwalbe. In den Tümpeln der Salzwiesen, durch die wir fahren,
leben zahlreiche Amphibienarten wie die letzten Fehmarner Rot-
bauchunken. Auch Fehmarnsche Nachtigall genannt, weil die Unke
wie der Vogel nachts tönt, wenngleich nicht ganz so lieblich.

100

Jahre gingen ins Land,
bis die Vogelfluglinie
vollständig war: Geplant
schon 1863, war die
Reiseroute erst 1963
vollständig. Die letzte
Lücke schloss die Fähre
Puttgarden-Rødby, die
auch den Zug übers
Meer transportiert und
die wir vom Start
1 / Grüner Brink sehen.

‹ links / Weite Landschaften und Windräder – typisch Fehmarn
⌃ oben / Kitesurfer am Ostseestöpsel Westermarkelsdorf

Traditionsreicher Hafenort

Wir erreichen das hübsche 9 / Orth und haben uns nach einer Strecke mit heftigem Gegenwind eine Pause und Stärkung verdient. Am inneren Ende des langgezogenen Hafenbeckens gibt es im rustikal-maritimen Hafenimbiss 10 / Kap Orth seit über 40 Jahren von Fischbrötchen bis Live-Musik quasi alles. Gern frequentiert von Kitesurfern, die im Stehrevier Orther Reede bei Süd- und Südwestwind optimale Bedingungen vorfinden. Wir streifen durch den Hafen, dessen Promenade von maritimen Gebäuden in Klinkerarchitektur geprägt ist. Gerade versucht ein Traditionssegler aus Holland festzumachen und hat in der engen Fahrrinne seine Mühe. Dann fahren wir an der Küste zum nächsten Hafen.

SELTENE ARTEN
Ist Betreten / Befahren verboten, ist dies ein Indiz, dass hier seltene Tier- und Pflanzenarten leben, wie an der 3 / Westermarkelsdorfer Huk.

Räucherfisch vom Feinsten

Wer sein Hungergefühl nicht schon zuvor gestillt hat, findet im traditionellen und sehr heimeligen Fischrestaurant 11 / Aalkate Fehmarn in Lemkenhafen den perfekten Platz für ein gutes Essen. Aal ist vielleicht nicht der Inbegriff des Lieblingsgerichtes. Aber wenn wir irgendwo mit ihm warm werden können,

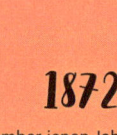

1872

Im November jenen Jahres suchte ein schweres Sturmhochwasser die ganze Ostseeküste heim. Ein Gastwirt in 9 / Orth baute in Eigeninitiative einen zwei Meter hohen Steinwall (heute die Kaimauer). Die Steine zog er mit Pferden über die zugefrorene Ostsee. Weitere Ausbauten folgten; 1881 wurde der Hafen eröffnet.

dann hier. Von der Terrasse gibt es einen sagenhaften Blick auf die weite, von Kitern und Surfern frequentierte Bucht. So geht Fehmarn! Aus Lemkenhafen hinaus, passieren wir die Holländer-Windmühle „Jachen Flünk", eine 12 / Segelwindmühle und Mühlenmuseum. Der Name geht auf den Fehmarner Joachim Rahlff zurück, einen Kornhändler und Schiffsreeder, der sie 1787 erbaute. Heute steht sie unter Denkmalschutz.

Zurück mit dem Wind

Um zum Ausgangspunkt zu gelangen, fahren wir dann wie im Zickzack durch die weiten, flachen Felder (im Mai und Juni leuchten viele zur Rapsblüte in strahlendem Gelb) und die Dörfer Altjellingsdorf, Lemkendorf, Vadersdorf. Wir orientieren uns am Windpark, hinter dem Gammendorf auf uns wartet. Von dort geht es schnurstracks zu unserem Ausgangspunkt 1 / Grüner Birk – mit Glück weht der kräftige Wind aus Südwest, dann sind wir in Nullkommanichts da.

◀ links / Beeindruckende Hofgebäude auf Fehmarn ▲ oben / Im bei Wassersportlern beliebten Hafen Orth machen häufig Traditionssegler fest

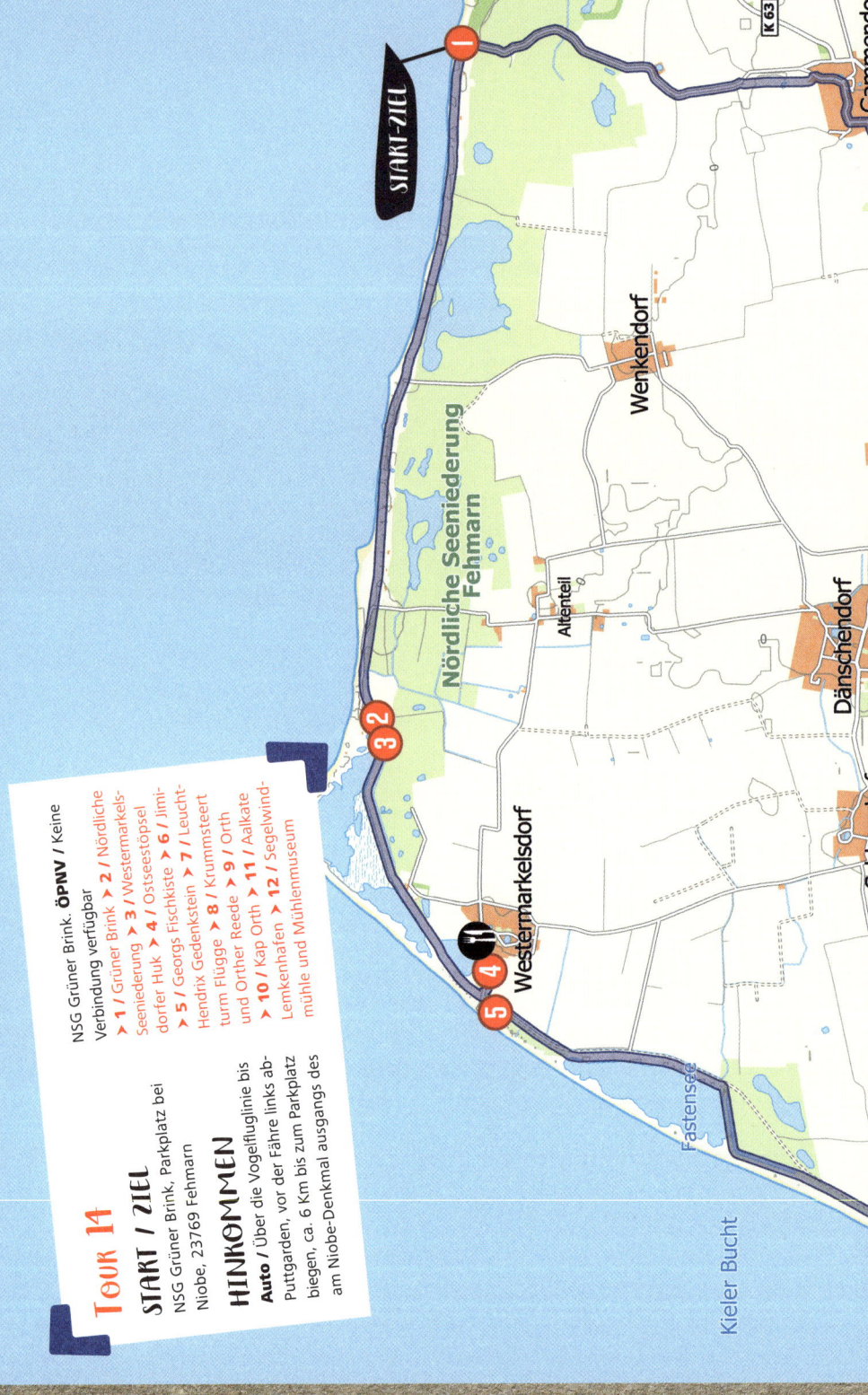

TOUR 14

START / ZIEL

NSG Grüner Brink, Parkplatz bei Niobe, 23769 Fehmarn

HINKOMMEN

Auto / Über die Vogelfluglinie bis Puttgarden, vor der Fähre links abbiegen, ca. 6 Km bis zum Parkplatz am Niobe-Denkmal ausgangs des

NSG Grüner Brink. **ÖPNV** / Keine Verbindung verfügbar
➤ **1** / Grüner Brink ➤ **2** / Nördliche Seeniederung ➤ **3** / Westermarkels- dorfer Huk ➤ **4** / Ostseestöpsel ➤ **5** / Georgs Fischkiste ➤ **6** / Jimi- Hendrix Gedenkstein ➤ **7** / Leucht- turm Flügge ➤ **8** / Krummsteert und Orther Reede ➤ **9** / Orth ➤ **10** / Kap Orth ➤ **11** / Aalkate ➤ **12** / Segelwind- Lemkenhafen mühle und Mühlenmuseum

Insel Fehmarn

Vadersdorf

Bisdorf

Landkirchen

MUMMENDORF

Augusten

Rosenhof

B 207

1 km

Hochfelder Mühle

Mummendorf

L 209

Sartjendorf

Altjellingsdorf

Teschendorf

Neujellingsdorf

Lemkenhafen

Westerbergen

12

Mittelhof

11

Lemkendorf

Inselstraße

Bellevue

Neuhof

Petersdorf

Orther Reede

Gollendorf

Astrabe

Kopendorf

Orth

9 10

L 209

Sulsdorf

Sulsdorfer Wiek

Bojendorf

Kopendorfer Au

Mühlenteich

Neuer Teich

Püttseer Teich

Rieselgraben

Püttsee

8

Flügger Watt

Naturschutzgebiet
Krummsteert-Sulsdorfer
Wiek/Fehmarn

Flügge

7

6

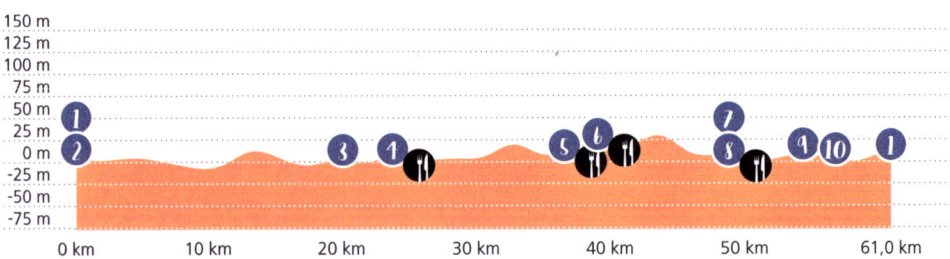

REFUGIUM

Hier lasse ich die Seele baumeln:
Ob im stillen Kloster Cismar oder
zwischen den Findlingen an
der Ostsee.

➤ **1 /** Start am Leuchtturm Dahmeshöved,
dem Licht der Freiheit

➤ **2 /** Ostseeblick bis
Mecklenburg an der
Steilküste Dahme

➤ **3 /** Renaturierte,
eiszeitliche Landschaft:
der Oldenburger Bruch

➤ **4 /** Mittagspause im
Stadtcafé auf dem Olden-
burger Marktplatz

➤ **5 /** Museumshof Lem-
sahn Traditioneller Acker-
bau zum Mitmachen

➤ **6 /** Pause in Lunaus
Hofcafé: Torten und
feine Holsteiner Küche

➤ **7 /** Die Ruhe genießen
im Gut und Kloster Cismar

➤ **8 /** Wo früher die
Mönche aßen: Klostercafé
im Benediktinerkloster

➤ **9 /** Schattentour zu
Wildschwein & Co. im
Kellenhusener Forst

➤ **10 /** Erlebnisse für
die ganze Familie auf der
Seebrücke Kellenhusen

VOM MEER INS LAND

Im Ostseeferienland Dahme, Kellenhusen und Oldenburg in Holstein

Ferien am Meer, an der Lübecker Bucht, bedeutet im OstseeFerienLand bei Kellenhusen und Dahme Natur, Strand und ganz viel Erholung. Auf unserer ruhesuchenden Tour lassen wir das quirlige Grömitz absichtlich außen vor und verbinden die Ostsee mit dem gemütlichen Binnenland. Wir fahren bis nach Oldenburg, in eine der wichtigsten Städte der Region, schon seit dem Mittelalter.

61 Kilometer
55 Höhenmeter ▲
55 Höhenmeter ▼
4 Stunden
Rundtour

Licht der Freiheit

Wir starten zwischen dem Ostseebad Kellenhusen und Dahme, am hübschen sechseckigen und verklinkerten 1 / Leuchtturm Dahmeshöved. Er steht auf der nordwestlichsten Huk der Lübecker Bucht und gibt der Ostsee-Schifffahrt zwischen Schleswig-Holstein und Mecklenburg Orientierung: drei kurze Lichtblitze, dann eine lange Pause. Auf einer kapartigen Anhöhe (höved) errichtet, war er während der deutsch-deutschen Teilung für über die Ostsee fliehende DDR-Bürger

CHARAKTER

Sportlich ●●●●○
Abkühlung ●●●●○
Schlemmen ●●●●○
Panorama ●●●○○

TOURENINFO / Wir fahren auf asphaltierten Wegen und Straßen, außer auf einem Teilstück im Kellenhusener Forst (das bei Bedarf umfahren werden kann). Die Tour ist ohne Schwierigkeiten, aber lang – ein E-Bike kann hier von Vorteil sein.

◄ links / Strand mit Seepromenade in Dahme

ein Orientierungspunkt. Die Menschen nannten ihn „Das Licht der Freiheit". Er zeigte ihnen unmissverständlich, an welcher Küste sie in Sicherheit waren. Wir fahren auf der Leuchtturmstraße in Richtung Dahme. Kurz vor dem Dorf befindet sich zwischen den Häusern rechts ein Aussichtspunkt. Wir schauen von oben auf die Ostsee.

Findlinge an der Steilküste

Die 2 / Steilküste Dahme wird ständig von der Ostsee abgetragen und landet durch die Strömung anderenorts als Strandsand wieder an. Der Prozess geht relativ langsam vonstatten, da sie von dicken Findlingen gehalten wird, die unten am naturbelassenen Strand in der letzten Eiszeit angelandet sind. Apropos Findling: Auf dem Nysted-Platz an der Seebrücke, die wir in Dahme quasi automatisch erreichen, liegt der berühmteste Findling des Ortes: der „Kleine Schwede". Der bei Bauarbeiten entdeckte Xenolith wiegt satte 24 Tonnen und stammt seiner Gesteinsstruktur nach aus Mittelschweden. Wir fahren nun mit der Seebrücke im Rücken aus dem Ort hinaus, in Richtung des Dorfes Grube. Dort biegen wir bei der Kirche in die Felder ein.

TIPP FÜR FRÜHAUFSTEHER

Von der 10 / Seebrücke Kellenhusen können wir direkt hinter dem Leuchtturm Dahmeshöved die Sonne leuchtend orange aufgehen sehen.

Gletscherrinne aus der Eiszeit

Der Blick auf dem Weg geht unweigerlich zum Windpark, den wir aber einfach linker Hand liegen lassen. Denn das Feuchtgebiet zu unserer Rechten ist viel spannender. Dort fließt rund zwei Meter unterhalb der Meereshöhe der Oldenburger Graben. Wir halten uns nah am Gewässer, es führt uns durch die Dörfer in den 3 / Oldenburger Bruch, ein wichtiges Naturschutzgebiet kurz vor Oldenburg in Holstein. Nach intensiver landwirtschaftlicher Nutzung, Entwässerung und Torfgewinnung wurde das Gebiet renaturiert, versumpfte wieder und es siedelten sich wichtige Tier- und Pflan-

> ➤ rechts oben / Das Licht der Freiheit: Leuchtturm Dahmeshöved
> ➤ rechts Mitte / Natürlicher Küstenschutz: Findlinge als Wellenbrecher

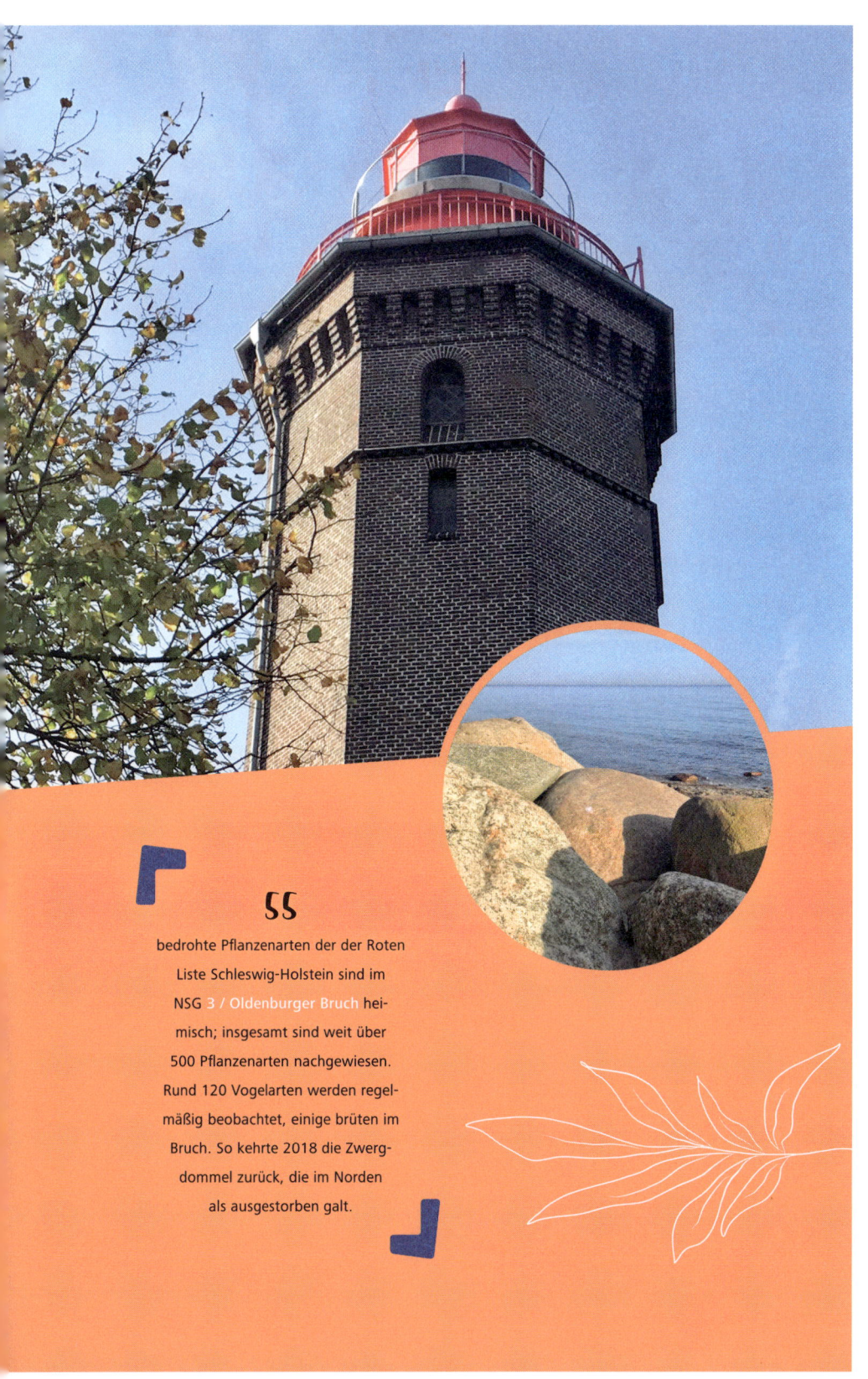

55

bedrohte Pflanzenarten der der Roten
Liste Schleswig-Holstein sind im
NSG 3 / Oldenburger Bruch hei-
misch; insgesamt sind weit über
500 Pflanzenarten nachgewiesen.
Rund 120 Vogelarten werden regelmäßig beobachtet, einige brüten im
Bruch. So kehrte 2018 die Zwerg-
dommel zurück, die im Norden
als ausgestorben galt.

GOLFEN MIT WURFSCHEIBEN

In der Discgolf-Anlage nahe der 10 / Seebrücke Kellenhusen wird eine Scheibe mit so wenig Würfen wie möglich in einen Korb (ingesamt 22) befördert.

zenarten an. Eine kleine Pause etwa auf halber Strecke kann nicht schaden. Also fahren wir am Oldenburger Graben entlang in das Städtchen Oldenburg, unterqueren die Holsteiner Straße und biegen rechts in Richtung Zentrum ein.

Oldenburg in Holstein

OLDENBURG HAT EINIGES ZU BIETEN

Im 4 / Stadtcafé direkt am Marktplatz in Oldenburg bekommen wir Frühstück, Salate, Flammkuchen oder ein günstiges Mittagsmenü – bei schönem Wetter auf einer der beiden Terrassen. Sehr angenehm: Hier wird Integration gelebt, Menschen mit und ohne Beeinträchtigung arbeiten gemeinsam für die Gäste. Wir können uns in Oldenburg auch länger aufhalten, z. B. mit einem Abstecher zum Wallmuseum, das mehr über die Geschichte der Region verrät (Infos siehe Tour 5). Dann fahren wir auf der gleichen Strecke aus der Stadt hinaus, ein gutes Stück hinter dem Bahnhof biegen wir an der Gabelung rechts ab, fahren kurz zurück ins Gewerbegebiet und biegen am Sebenter Weg ab, um auf die Brücke über die Autobahn A1 nach Lübbersdorf / Johannisdorf zu gelangen.

Ackerbau zum Mitmachen

Im alten Schleswig-Holstein wurde der Acker mithilfe von Pferden gepflügt – und die sind auf dem 5 / Museumshof Lemsahn auch heute noch aktiv im Einsatz. In der Gaststube wird norddeutsche Hofküche aus eigenen Erzeugnissen zubereitet serviert (Bäderstraße 18, 23738 Lensahn, Di–So, 11–17 Uhr, Hof bis 18 Uhr, www.museumshof-lensahn.de). Besonders lohnt der Besuch im Herbst, wenn Gemüsebeete und Obstwiesen ihre Erträge abwerfen: Das Apfelfest auf dem Hof ist weithin in der Region bekannt und markiert das Ende der Saison. Über die Bäderstraße und den Manhagener Weg fahren wir aus Lensahn hinaus, queren die A1, durch die Felder in Richtung Cismar. In Kabelhorst stärken wir uns in 6 / Lunaus Hofcafé (Bäderstraße 8, 23738 Kabelhorst, Sa–So, 9–17 Uhr) mit feiner Holsteinischer Küche oder selbstgemachten Torten nach traditionellen Rezepten. Im Hofladen bekommen wir regionale Spezialitäten, direkt am Hof produziert. Wir könnten direkt über die Landstraße nach Cismar fahren, biegen aber rechts in die Felder ab, um dem Autoverkehr zu entgehen und nähern uns Cismar auf der Landstraße durch ein kleines Waldstück, indem wir nach Kattenberg links einbiegen.

MÖNCHE UND NONNEN

Im Benediktiner-Kloster in Lübeck lebten Mönche und Nonnen gemeinsam. 1231 klagten die Damen in einer Urkunde über die Lasterhaftigkeit der Mönche. Angeblich wurden die Mönche daher aufs Land „versetzt" – ins 7 / Gut und Kloster Cismar.

◄ links / Ein Ort der Ruhe und ein Refugium: Gut und Kloster Cismar
▲ oben / Felder und Windräder bei Kellenhusen

Die Zeit steht still

Das 7 / Gut und Kloster Cismar ist die zweitgrößte Klosteranlage Schleswig-Holsteins. Ein ehemaliges Benediktinerkloster, erbaut um 1245 im Stil der norddeutschen Backsteingotik.

108 STUFEN

geht es hinauf auf den 1 / Leuchtturm Dahmeshöved für einen tollen Ostseeblick. Hier könnte man bei guter Planung am Ende der Tour sogar heiraten.

Weltberühmt ist der Reliquienschrein in der Klosterkirche. Er stammt aus dem Jahr 1300 und ist damit der älteste geschnitzte Flügelaltar der Kunst- und Kirchengeschichte (Klosterführungen: April bis Oktober, Mi und Sa um 17 Uhr). Das 8 / Klostercafé liegt mitten in der Klosteranlage und die Zeit scheint hier still zu stehen – ob bei gutem Wetter auf der Terrasse des Brunnenhauses oder bei Schietwetter drinnen im Gewölbe. Immer eine außergewöhnliche Atmosphäre. Ein kleines Stück weiter geht es rechts ab zum Hofladen Klostersee mit biologischen Erzeugnissen, wie zum Beispiel Käse von den etwa 60 in Klostersee heimischen Kühen. Weiter geht es, in Richtung Ostsee.

Auf Du und Du mit dem Wald

„Das Meer, der Wald und Du" so titelt das Ostseebad Kellenhusen, und tatsächlich ist der 600 Hektar große 9 / Kellenhusener Forst, durch den wir am Ende dieser Tour ganz entspannt

WASSER-STANDS-EICHE

Im 9 / Kellenhusener Forst steht eine Eiche zur Erinnerung an das höchste Ostseesturmhochwasser des 19. Jh., im November 1872. Am Stamm der Eiche ist der damalige Pegelstand mit einem roten Punkt markiert. Ein Findling neben der Eiche trägt die Inschrift „Sturmflut 13.11.1872".

fahren (wahlweise auch laufen oder darin verschnaufen), eine echte Oase. Nur direkt am Meer. Hier leben Reh- und Damwild, Dachse, Hasen, Wildschweine … besonders letztere sind ziemlich frech und daher am südöstlichen Ende des Waldes in einem Gehege eingezäunt. Im Dunkeln macht sich die Fledermauskolonie bemerkbar.

Ziel: Ostseeblick

Wir fahren zurück an die Ostsee. Die moderne 10 / Seebrücke Kellenhusen ragt ganze 305 Meter in die Ostsee. Als Erlebnisbrücke konzipiert, bietet sie drei Themeninseln: die erste mit Hängematten zum Entspannen, die zweite mit Wasserspielen und Rutschen, die dritte für den ungestörten Blick auf die Ostsee. Uns fehlen nur noch drei Kilometer und wir sind wieder am 1 / Leuchtturm Dahmeshöved. Wir gehen die Eisentreppe hinter dem gegenüberliegenden Ferienkomplex hinunter und springen am Ende eines schönen Tages in die Ostsee.

◄ **links / Neugieriges Wildschwein** ∧ **oben / Futuristisch anmutende Seebrücke in Kellenhusen**

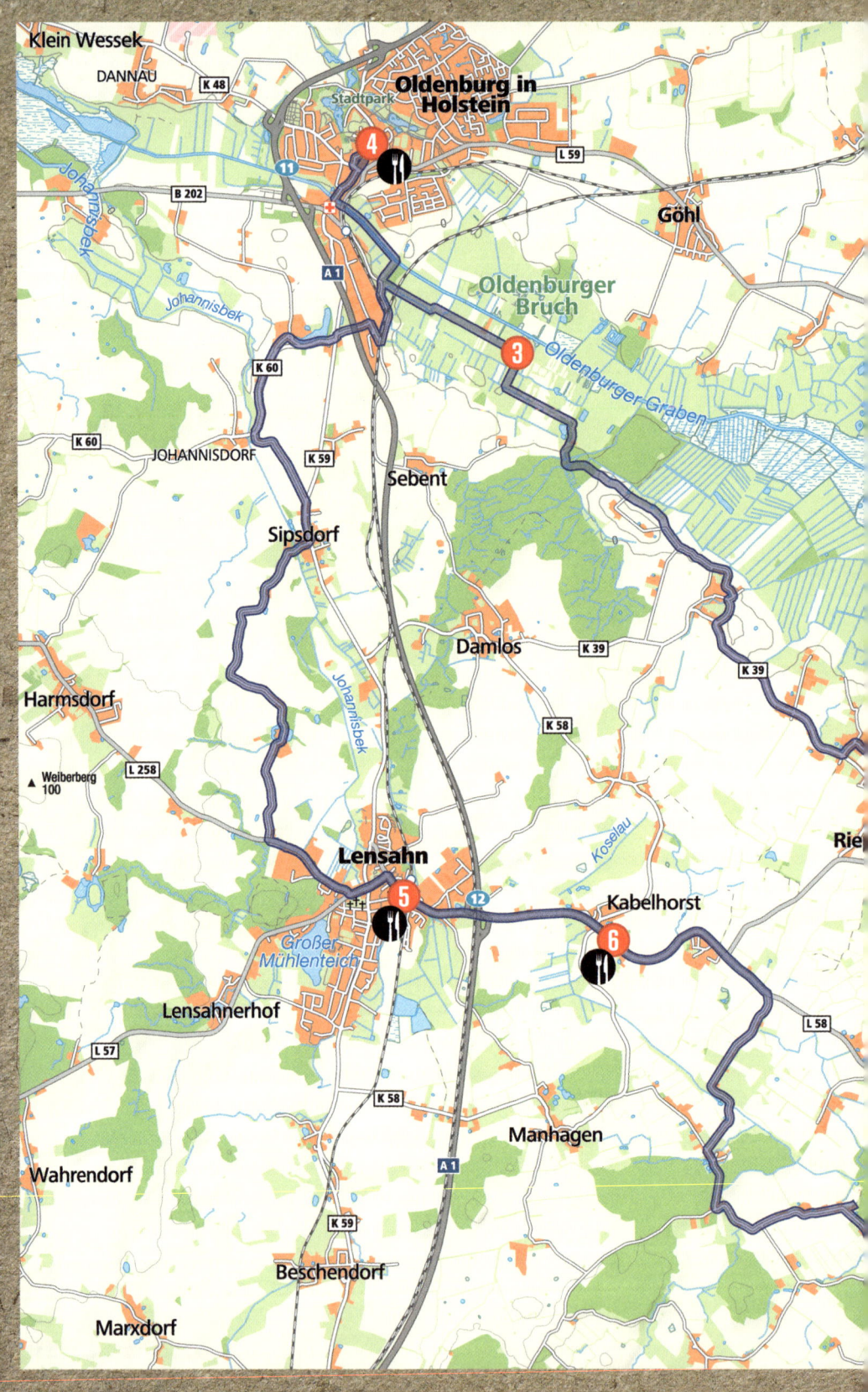

Heringsdorf

K 56

ettenhof

B 501

Fargemiel

L 59

Tour 15

START / ZIEL
Leuchtturm Dahmeshöved,
23747 Dahme

HINKOMMEN
Auto / Parken an der Leuchtturmstraße beim Leuchtturm
Dahmeshöved, 23747 Dahme
ÖPNV / Mit der RB z. B. von
Lübeck Hbf. bis Oldenburg in
Holstein oder Bhf. Neustadt (Holst),
dann mit dem Bus bis HS Kellenhusen Vogelsang. Von dort mit
dem Rad zum Leuchtturm.
➤ **1 /** Leuchtturm Dahmeshöved
➤ **2 /** Steilküste Dahme ➤ **3 /** Oldenburger Bruch ➤ **4 /** Stadtcafé
➤ **5 /** Museumshof Lemsahn
➤ **6 /** Lunaus Hofcafé ➤ **7 /** Gut
und Kloster Cismar ➤ **8 /** Klostercafé ➤ **9 /** Kellenhusener Forst
➤ **10 /** Seebrücke Kellenhusen

Mecklenburger
Bucht

Oldenburger Graben

Grube

Altratjensdorf

L 231

Thomsdorf

B 501

K 50

Dahme

Guttau

2

START-ZIEL

1
P

Grönwohldshorst

9

H

7 Cismar

8

10

Kellenhusen

Lübecker Bucht

2 km

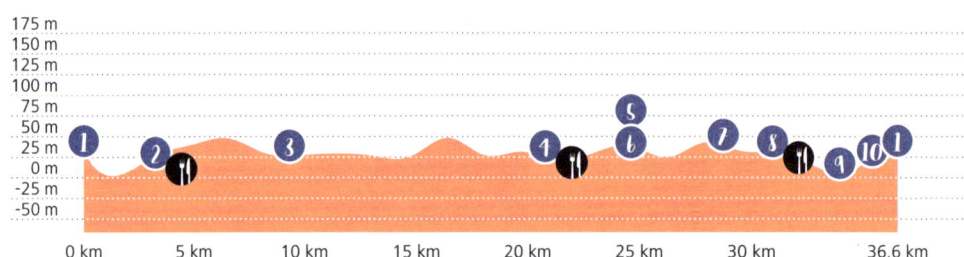

SPIEL UND SPASS

Ich wollte als Kind so oft es ging in den Hansapark. Heute weiß ich die Ruhe der Seen und des Meeres zu schätzen.

➤ **1 /** Start der Tour in Sierksdorf

➤ **2 /** Bistro, Café und E-Bikes am Flugplatz Sierksdorf Hof Altona

➤ **3 /** Süßwasserbad im Pönitzer See

➤ **4 /** Sportliche Abwechslung im Wasserski Wakeboard Park Süsel

➤ **5 /** Kirche St. Laurentius, mittelalterliche Feldsteinkirche in Süsel

➤ **6 /** Natur und stilles Seeidyll an der Badestelle Süseler See

➤ **7 /** Malerisches Herrenhaus Oevelgönne Hof

➤ **8 /** Torten, Kuchen oder Abendessen im Gut Wintershagen

➤ **9 /** Zum Bad im Sonnenuntergang an die Steilküste Sierksdorf

➤ **10 /** Zusatz-Spaßprogramm im Hansapark Sierksdorf

LAND, WASSER, LUFT

Erlebniswelten in
und um **Sierksdorf**

Auf dieser Tour verbinden wir das Meer mit einigen kleinen und unbekannteren Seen in der Idylle des Hinterlandes. Und bekommen Lust, irgendwie in die Luft zu gehen. Ob uns das gelingt?

Ostseegruß

Wir beginnen unsere Fahrt in 1 / Sierksdorf am öffentlichen Parkplatz nahe der Touristen-Information. Schon seit Mitte des 19. Jahrhunderts war an dieser Stelle ein beliebter Badeort, der immer weiter ausgebaut wurde. Natürlich fahren wir erstmal an die Ostsee, um uns auf später einzustimmen: Nach der Tour planen wir, als Belohnung unsere Füße in den feinen Strandsand und uns selbst ins Wasser zu stecken.

Nur Fliegen ist schöner

Wir fahren in Richtung Norden, unterqueren die Autobahn und erreichen den 2 / Flugplatz Sierksdorf Hof Altona, der nur anderthalb Kilometer vom Strand entfernt ist. Die Philosophie: „Ein Kilometer Straße

37 Kilometer
155 Höhenmeter ▲
155 Höhenmeter ▼
2:30 Stunden
Rundtour

CHARAKTER
Sportlich ●●●●○
Abkühlung ●●●●○
Schlemmen ●●●○○
Panorama ●●●○○

TOURENINFO / Weitgehend auf Nebenstraßen und Radwegen. Im Forst sind die Wege auch naturbelassen, aber breit und gut befahrbar (außer nach längeren Regenperioden). Der Wald kann auch umfahren werden.

◄ **links / Steinmännchen am Strand von Sierksdorf**

bringt Dich in das nächste Dorf, ein Kilometer Startbahn bringt Dich in die ganze Welt." Wir wollen auch gern Weite-Welt-Luft schnuppern! Am besten geht das beim jährlichen Sommerfest, dann werden Rundflüge angeboten. Alternativ sucht man das Gespräch mit den Privatpiloten am Hangar und im Flugplatzbistro und Café. Dort können wir auch als Nicht-Flieger die besondere Atmosphäre an der Graspiste erleben und bei Start und Landung zusehen. Ob uns nicht doch noch jemand auf einen kleinen Rundflug mitnimmt? Übrigens: Hier werden E-Bikes vermietet. Wer ohne Rad ankommt, reserviert einfach eines und startet diese Tour genau hier. An der folgenden T-Kreuzung mit dem Süseler See voraus biegen wir nach links ab und fahren in Richtung Pönitz.

DER FLIEGENDE BAUER

Der **2 / Flugplatz Sierksdorf Hof Altona** wurde 1975 von einem Landwirt gegründet, der selbst flog. Der Landeanflug direkt an der Ostsee ist genial.

Badefreuden im Süßwasser

Es soll Menschen geben, die Salzwasser nicht mögen. Kein Problem: Wir passieren drei traumschöne Binnengewässer und finden am Taschensee sowie am Kleinen und Großen **3 / Pönitzer See** einige Süßwasser-Alternativen und idyllische Badestellen. Im Tourismus-Deutsch nennt sich das dann gleich „Pönitzer Seenplatte", was tendenziell etwas weit gegriffen ist. Aber die Seen sind absolute Bereicherung dieser Tour. Wir schwimmen umgeben von Buchenwäldern und der Scharbeutzer Heide, die Seenlandschaft ist untouristisch und fernab allen Ostsee-Trubels. Sehr schön sind auch die Wälder am großen Pönitzer See. Auf unserem Weg nach Klingberg können wir hier nach Lust und Laune (oder Schattenbedarf) eine kleine Extra-Fahrt einbauen. Den See lassen wir dann rechter Hand liegen und fahren durch den Ort Klingberg in Richtung Gleschendorf. Dann geht es weiter durch die Orte Kesdorf, dort biegen wir nach Ottendorf ab und fahren in die Straße am Holmkamp, um Richtung Süsel zu fahren.

➤ rechts oben / Am jährlichen Flugtag starten und landen in Sierksdorf auch historische Flieger ➤ rechts Mitte / Rapsfeld und Bienenstöcke

120

Zentimeter hoch wächst der Raps auf
vielen Feldern hinter 1 / Sierksdorf.
Seine Blüten sind in einem auffallend
leuchtenden Gelb gefärbt. Die üppige
Blütezeit beginnt bereits Anfang April
und hat ihren Höhepunkt von Mitte
bis Ende Mai. Rapshonig ist übrigens
sehr energiereich – zu finden in
vielen Hofläden.

SEHENSWERTES AM SEE

In einem schönen alten Bahnhofs-gebäude in Pönitz am 3 / Pönitzer See befinden sich heute passender-weise eine Modellbauwerkstatt sowie eine Töpferei.

LUST AUF WASSER-SPORT?

Sportliche Pause

Falls das am Flugplatz nicht geklappt hat, können wir ja vielleicht jetzt ein bisschen mit dem Wakeboard in die Luft gehen, im 4 / Wasserski Wakeboard Park Süsel am Rumpelsee (geöffnet April–Oktober, Infos auf suesel-seeparx.de). Für alle, die es ruhiger mögen, wird auch Stand-up-Paddling angeboten. Und ein Platz auf der Sonnenterrasse bei Kaffee, Snacks und Kuchen ist sowieso immer zu haben. Danach geht es wieder aufs Rad, weiter durch Felder bis nach Süsel.

Vicelinkirche in Süsel

Die 5 / Kirche St. Laurentius im spätromanischen Stil ist einer der wenigen geschichtsträchtigen Bauten in der Region und das älteste Gebäude in Süsel. Ab 1160 erbauten Friesen hier unter Bischof Gerold die Feldsteinkirche nach Plänen des Slawenmissionars Vicelin. Das Kirchenschiff mit halbrunder Apsis ist aus Natursteinen erbaut und noch nahezu im ursprünglichen Zustand.

Eine Inschrift erwähnt eine Renovierung 1844. An der Kirche befinden sich drei Gedenksteine für drei wichtige Landesherren: für den ersten deutschen Kaiser Wilhelm I., für den ersten Reichskanzler Otto von Bismarck und den Grafen und Feldmarschall von Moltke. An der 6 / Badestelle Süseler See können wir uns bei Bedarf noch einmal erfrischen und einen Blick auf den schönen See werfen. Dann geht es an dem kleinen Waldstück entlang direkt zur Landstraße, auf deren Radweg wir nach rechts einbiegen. Sie bringt uns nach Övelgönne.

Herrenhaus am jenseitigen Ufer

Die kleine Siedlung 7 / Oevelgönne Hof liegt von der friesischen Siedlung Süsel aus gesehen hinter dem Süseler See, das erklärt vermutlich den Namen: „ant över gün" bedeutet „am jenseitigen Ufer". Das Herrenhaus wurde 1698 um das malerische, in Fachwerk erbaute Torhaus erweitert und mit einem Wassergraben zur Sicherung versehen. Heute ist es in Privatbesitz; bitte Zaungrenzen und Schilder beachten. Eine Nebenstraße, die auch die Autobahn unterquert, bringt uns zum nächsten Gutshof, in dem wir für eine Stärkung bleiben können.

LÄND-LICHES THEATER

In der Kulturscheune Süsel wird niederdeutsches Volkstheater gezeigt. Die Titel bereits gespielter Stücke „Riep för Mallorca" (Reif für Mallorca) oder „Lust un Leev in't Kloster" (Lust und Leben im Kloster) lassen Kurzweil erwarten.

‹ links / Boote im Pönitzer See ⌃ oben / Weiter Blick über die Bucht bei Sierksdorf

Kulinarische Idylle

Auf dem 8 / Gut Wintershagen bekommen wir Torten und Kuchen, ein Glas Wein in der Weinecke, Snacks oder ein gutes Abendessen (23730 Sierksdorf Mo–Sa, 14–22 Uhr, Küche bis 21 Uhr). Schön anzusehen ist die Reetdachkate des Gutshofs, die als Eventlocation zur Verfügung steht. Und nun wollen wir endlich in die Ostsee! Schon zwei Kilometer weiter, nachdem wir Landstraße und Bahngleise gequert haben, erreichen wir den Strand.

Ausklang an der Steilküste

ENTFÜHRUNG!

Das Fischbrötchen Aalina wurde entführt! In einer Schnitzeljagd via Smartphone jagen Urlauber als Kommissare den fiesen Fishnapper an der Lübecker Bucht.

Wir genießen sie an der 9 / Steilküste Sierksdorf. Der Weg führt noch durch ein kleines Waldstück, sehr friedlich und naturbelassen. Schön anzusehen die umgeknickten Bäume oder kleinen Wasserläufe: Hier ist die Natur bei sich selbst, reagiert auf Wind und Wetter und gibt sich den Elementen hin. Sicher einer der schönsten Abschnitte auf dieser Tour. Wir schwimmen vielleicht irgendwo eine Runde oder warten in aller Seelenruhe auf einer Parkbank, bis die Sonne untergegangen ist. Dann kehren wir an den Parkplatz und Ausgangspunkt in Sierksdorf zurück.

FALLTURM DER SUPERLATIVE

Die „Seeschlange" war in den 70ern die erste Achterbahn im 10 / Hansapark und im Vergleich zur heutigen Hauptattraktion geradezu harmlos: Der „Highlander" ist mit einer Fallhöhe von 103 Metern und einer Geschwindigkeit von bis zu 120 km/h der höchste und schnellste Gyro-Drop-Tower der Welt.

Ausklang in Sierksdorf

Wer einen Tag länger bleibt, findet das volle Spaßprogramm im 10 / Hansapark, Deutschlands einzigem Erlebnispark am Meer. Der Publikumsmagnet sorgt dafür, dass auch mitreisende Kinder auf ihre Kosten kommen – und dass Sierksdorf im Sommer sehr belebt ist. Der Park startete 1977 mit der ersten originalamerikanischen Wildwasserbahn und hat heute unzählige Attraktionen (geöffnet von April bis Oktober). Wer nicht mit dem Auto zum Hansapark anreist, sondern auf die öffentlichen Verkehrsmittel zurückgreifen möchte, findet hilfreiche Tipps auf der Seite www.hansapark.de/anreise. Wir lassen den Tag am fünf Kilometer langen Strand ausklingen, sitzen an einer kleinen Steinmole, mit einem Fischerboot und einem Holzschild mit der Aufschrift „Willems Hafen". Das hat nichts mit dem Ort Wilhelmshaven (der auch an der Nordsee wäre) zu tun, sondern mit dem alten Fischer Wilhelm Geberbauer, der nun über 80-Jährige fährt zwar nicht mehr oft hinaus, zeigt uns aber, wie lebenswert es hier ist.

‹ links / Vergnügliche Attraktionen im Hansapark ⌃ oben / Steilufer der Ostsee bei Sierksdorf

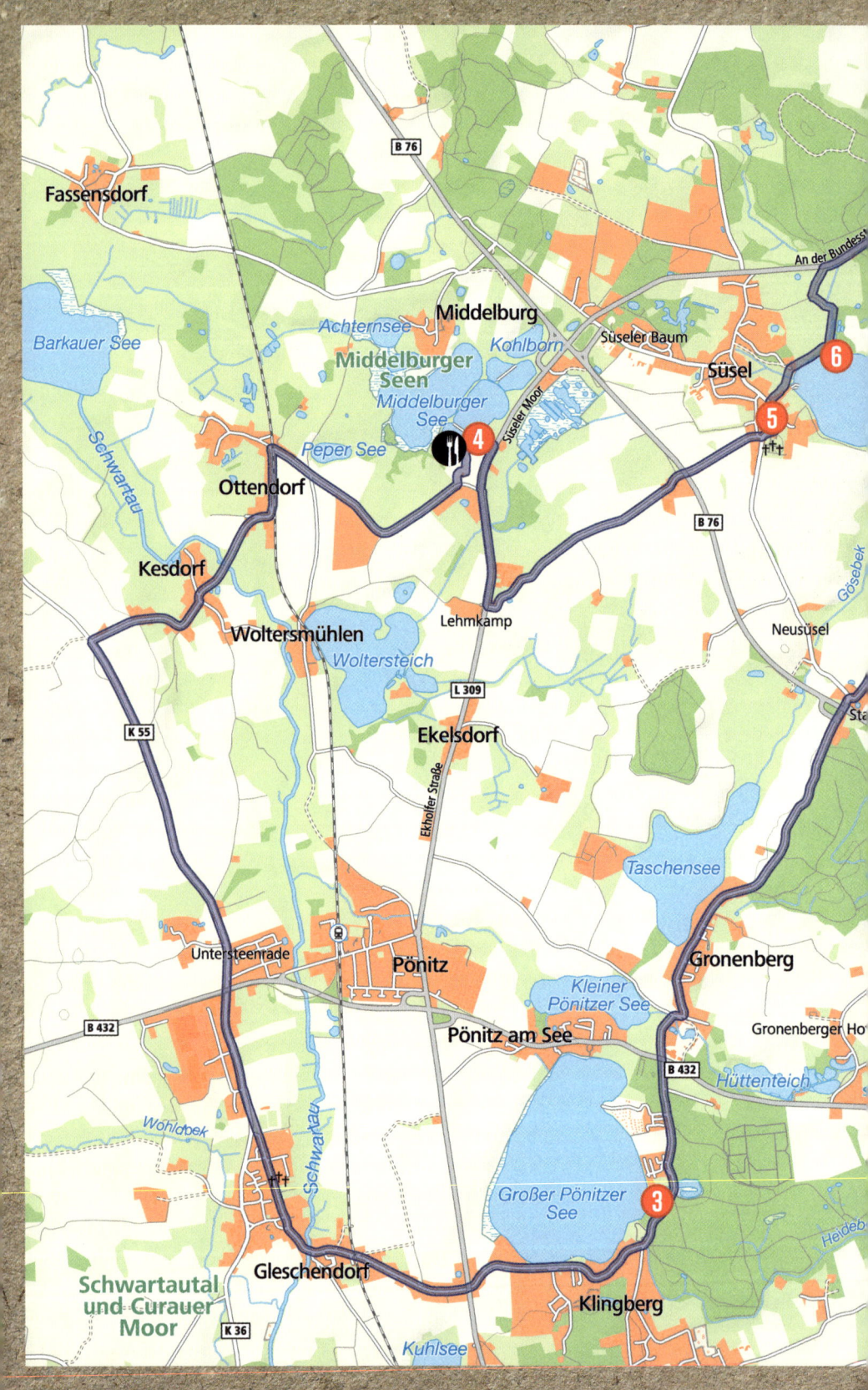

Neustädter Bucht

Neustadt/Holstein - Mitte

14

L 309

7 Oevelgönne

A 1

8

K 45

9

10

See

Hof Altona

2 Sierksdorf

Pohnsdorfer Straße

START-ZIEL

K 45

Eutin

15

Gösebek

Pönitzer Chaussee **B 432**

Strandallee

Hamburger Ring

Scharbeutz

...schendorfer Straße

Lübecker Bucht

1 km

Tour 16

START / ZIEL
Öffentlicher Parkplatz Sierksdorf

HINKOMMEN
Auto / Öffentlicher Parkplatz Sierksdorf, Professor-Haas-Straße, 23730 Sierksdorf **ÖPNV /** Mit der RB85 von Lübeck Hbf. zum Bhf. Sierksdorf, von dort starten.
➤ **1 /** Sierksdorf ➤ **2 /** Flugplatz Sierksdorf Hof Altona ➤ **3 /** Pönitzer See ➤ **4 /** Wasserski Wakeboard Park Süsel ➤ **5 /** Kirche St. Laurentius ➤ **6 /** Badestelle Süseler See ➤ **7 /** Oevelgönne Hof ➤ **8 /** Gut Wintershagen ➤ **9 /** Steilküste Sierksdorf ➤ **10 /** Hansapark

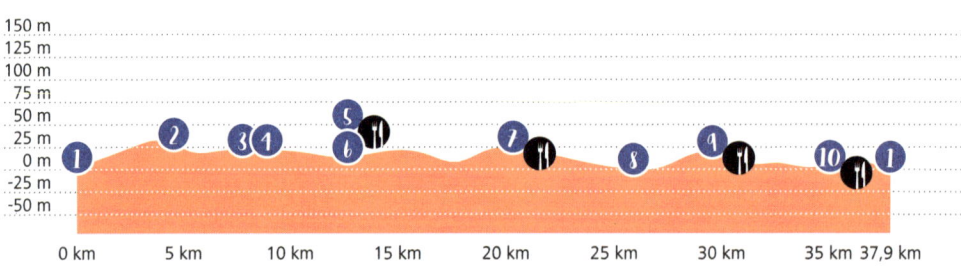

ERFRISCHEND VIELFÄLTIG

Strand und Beachlife, Seen und Dörfer, spannende Bauwerke und die pure Ostsee an der Steilküste: Ich mag die Abwechslung auf dieser Tour.

› 1 / Start in Timmendorfer Strand

› 2 / Stilvoll übernachten im Herrenhaus Gut Neuruppersdorf

› 3 / Märchenhafte Feldsteinkirche Ratekau

› 4 / Reste einer Burg im Ruppersdorfer See

› 5 / Erfrischung im See an der Badeanstalt Offendorf

› 6 / Deutschlands tiefster Punkt: Hemmelsdorfer See

› 7 / Mit Kids zu Spiel und Spaß in Karls Erlebnisdorf

› 8 / Intensives Ostseefeeling an der Nordermole Travemünde

› 9 / Restaurant und Café Hermannshöhe am Brodtener Ufer

› 10 / Täglich frischer Fisch in der Bude 8

STRAND, SEEN, STEILKÜSTE

Rundtour von Timmendorfer Strand bis Travemünde

Am Timmendorfer Strand ist richtig was los, sagt man. Von Til Schweiger bis Udo Lindenberg soll Deutschlands Prominenz hier ein und aus und am Strand spazieren gehen. Wir erkunden auf dieser Tour die nähere Umgebung hinter dem Ferienort. Außerdem lässt sich die Tour 8 von Lübeck nach Travemünde sehr gut ergänzen.

38 Kilometer
80 Höhenmeter ▲
80 Höhenmeter ▼
2:30 Stunden
Rundtour

Berühmter Strand

Wir starten in 1 / Timmendorfer Strand, das sich rühmt, der berühmteste Ferienort und Strand Deutschlands zu sein. Sieben Kilometer feinster Ostseesand mit kristallklarem Meerwasser sind schon ein Argument, hier den Urlaub zu verbringen. Entsprechend groß ist das Freizeitangebot in Timmendorf. Wir parken auf einem der zentralen Parkplätze, satteln unser Zweirad und fahren nach Süden aus dem Ort heraus und an der Hauptstraße

CHARAKTER

Sportlich ●●●○○
Abkühlung ●●●○○
Schlemmen ●●○○○
Panorama ●●●○○

TOURENINFO / Insgesamt auf bequemen Wegen zu fahren. Unbedingt Badezeug, Handtuch und Proviant für ein Picknick mitnehmen – nicht nur das Meer, auch die kleinen Seen entlang der Strecke laden zu Badestopps ein. Die gastronomische Dichte ist allerdings recht gering.

◄ links / Deutschlands tiefster Punkt liegt im Hemmelsdorfer See

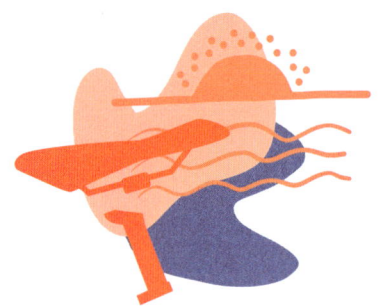

rechts, um wenig später die kreisrunde Auffahrt zu nehmen, um die Bundesstraße zu überqueren und in das gegenüberliegende Waldstück zu gelangen. Dann noch ein Stück durch besiedeltes Gebiet und ab Ortsausgang wenden wir uns nach Groß-Timmendorf.

Herrenhaus und Gut Neuruppersdorf

Das repräsentative 2 / Herrenhaus Gut Neuruppersdorf aus hellem Klinker wurde im Jahre 1863 erbaut und umfasst 600 Quadratmeter Wohnfläche. Wir könnten ja heute in einem der Appartments oder einer exklusiven Ferienwohnung stilvoll übernachten (Infos: herrenhaus-neuruppersdorf.de). Weiter geht es und wir müssen die Autobahn A1 queren. Am Ortseingang von Ratekau biegen wir rechts in die Hauptstraße ein und fahren zum nächsten Etappenstopp.

BADESACHEN NICHT VERGESSEN!

An den kleinen Seen auf dieser Tour ist die Welt noch in bester Ordnung – für ein Picknick am Ufer, vor oder nach einem Sprung in den See ist doch sicher Zeit!

Wie im Märchen

Sie ist so besonders, dass sie sogar im Wappen des Ortes verewigt wurde: die 3 / Feldsteinkirche Ratekau aus dem 12. Jahrhundert. Die Vicelinkirche ist aus Natursteinen, die auf den Feldern abgesammelt wurden, sowie im Fundament aus großen Findlingen erbaut. Der runde Kirchturm, der unweigerlich an Rapunzel denken lässt, und das mit Holzschindeln gedeckte Satteldach, umgeben von hohen Bäumen – all das ist wirklich schön anzusehen. Im Inneren ist sie eher schlicht gehalten, aber in einem Gebäudeteil sind sogar die ursprünglichen Ziegel des Fußbodens sowie Sitzbänke aus Stein, die aus der Erbauungszeit stammen, erhalten geblieben. Sie liegt sehr nah am Dorfsee, den wir von hier aus direkt erreichen.

Burgreste im Ruppersdorfer See

Einen schönen Ort mitten in einem Naturschutzgebiet, nämlich am kleinen 4 / Ruppersdorfer See, finden wir, wenn wir Richtung Süden

---

➤ **rechts oben / Die hübsche Feldsteinkirche Ratekau, erbaut nach mittelalterlichen Plänen des Vicelin** ➤ **rechts Mitte / Hier zuhause: der Weißstorch**

1.000

verschiedene Vögel sind im Vogelpark
Niendorf zuhause, aus etwa 250 verschiedenen Arten: von an der Ostsee
heimischen Sing- und Raubvögeln,
über Zugvögel wie Flamingos und
Weißstörche, bis zu Exoten und einigen bedrohten Spezies. Eine schöne
Ergänzung vor oder nach der Tour,
für die ganze Familie.

HINTERM HORIZONT

Udo Lindenberg wurde in 1 / Timmendorfer Strand eine Skulptur gewidmet – aus Roststahl mit seiner Silhouette und dem passenden Schriftzug HORIZONT.

BADESPASS ZUR ERFRISCHUNG

und an der Bahnlinie entlang fahren. Wir blicken auf den See und ein kleines Inselchen, Burghügel genannt. Denn darauf befinden sich die Reste einer Turmhügelburg aus dem Mittelalter und ihrer Gräben. Tatsächlich war der See zu jenem Zeitpunkt mal ein Moor und der Hügel wurde künstlich angelegt. Heute ist der See Brut- und Niststation sowie Rastplatz für viele Vogelarten. Darum ist hier auch das Baden nicht erlaubt – dazu finden wir gleich noch weitere Möglichkeiten.

Erfrischung gefällig?

Wir haben zwar erst ein gutes Drittel der Tour hinter uns, aber trotzdem spricht ja nichts gegen eine kurze Erfrischung im See. Wir baden in der 5 / Badeanstalt Offendorf und es fühlt sich ein bisschen wie früher an. Im Café am See tanken wir bei Fischbrötchen und alkoholfreiem Hefeweizen neue Energie, um motiviert weiterzufahren. Vorher noch ein Kuriosum:

Deutschlands tiefster Punkt: Hemmelsdorfer See

Geografisch gesehen befindet sich dort, im 6 / Hemmelsdorfer See auf 39,5 Meter Tiefe der tiefste Festlandpunkt Deutschlands (mit

einer Boje markiert). In der letzten Eiszeit bildete sich erst durch Gletschereis eine Förde, die dann aber durch abgetragene Sandmassen von der Ostsee verschlossen wurde und nun ein See ist. Es geht weiter nach Süden aus Offendorf heraus in Richtung Kreuzkamp. Vor dem Windpark biegen wir links ab nach Grammersdorf und umfahren so den südlichen Teil des Sees.

Stopp mit Kids

Wer mit Kindern fährt oder auch so ein neugieriger Mensch ist, plant einen Besuch in 7 / Karls Erlebnisdorf in Warnsdorf ein. Unter vielem anderen sorgen eine Kartbahn, ein Streichelzoo, verschiedene Häuser mit lustigen Figuren (wie ein Pferd hinter der Theke), Rutschen, Bauten aus Kürbissen und ein Hofladen für Kurzweil. Dann fahren wir aus dem Dorf heraus und über die Bundesstraße nach Travemünde, die Uferpromenade entlang, bis zum äußersten Punkt.

Das Tor zum Baltikum

An der sichelförmigen 8 / Nordermole Travemünde gibt es nun richtiges Ostseefeeling. Travemünde ist das Tor zum Baltikum und wenn die großen Pötte – ob Frachter oder Passagierfähre –

KM 38

Einen tollen Blick über den 6 / Hemmelsdorfer See gibt es vom 12 Meter hohen Hermann-Löns-Aussichtsturm am Nordufer. An klaren Tagen sind sogar Lübecks Kirchtürme zu sehen. Idealerweise baut man den Stopp auf der Rückfahrt nach 1 / Timmendorfer Strand ein.

‹ links / Leuchtturm an der Nordermole in Travemünde ⋀ oben / Enten fühlen sich im Naturschutzgebiet Hemmelsdorfer See sichtlich wohl

auf ihrem Weg von und nach Litauen, Schweden und Finnland ganz nah vorbeikommen, riecht das nach großer weiter Welt. Aus Stahlbeton gebaut mit großen Findlingen als Wellenbrecher führt die Nordermole 250 Meter ins Meer hinaus. Ein einmaliger, freier Blick. Weht dazu noch ein kräftiger Wind und schlagen hohe Wellen, muss sich zwar auch der Norddeutsche warm anziehen, aber wir brauchen dieses echte Wetter zum Leben. Mehr in Travemünde siehe Tour 8.

Ausklang am Brodtener Ufer

BESTE LAGE

Am Brodtener Ufer halten wir gern im 9 / Restaurant und Café Hermannshöhe – um den traumschönen Blick über die Lübecker Bucht noch länger zu genießen.

Wir brauchen noch mehr Ostseeluft. Also fahren wir an der Küste aus Travemünde heraus und werden von einer frischen Brise umfangen. Das Brodtener Ufer ist eine rund vier Kilometer lange Steilküste, die in weiten Teilen unter Naturschutz steht. Bis zu 20 Meter hoch wird sie durch Wellen, Regen und Stürme Stück für Stück immer weiter abgetragen. Bei Schietwetter kann es hier dank Kapeffekt tatsächlich richtig ungemütlich werden. Umso besser, dass uns auf halber Strecke am höchsten Punkt der Brodtener Steilküste das 9 / Restaurant und Café Hermanns-höhe erwartet. Von der großen Terrasse beeindruckt uns ein sagenhafter Blick über die

1464

wurde die erste 8 / Nordermole Travemünde gebaut, um von der Ostsee herangetragenen Sand aufzuhalten, um Travemündung und Hafen freizuhalten. Ihr Molenfeuer warnt Schiffe vor den Untiefen. Das echte Leuchtfeuer Travemündes befindet sich in 117 Metern Höhe auf dem Dach des Maritim-Hotel – das höchste Europas.

Lübecker Bucht. Wir wärmen uns adäquat mit deftiger Holsteiner Küche oder einer heißen Schokolade und lassen uns von einem Stück Torte oder Kuchen aus der hauseigenen Konditorei verführen.

Sterneverdächtig und unkompliziert

Wer hätte es gedacht? Im Strandbistro 10 / Bude 8 hinter dem Jachthafen Niendorf kocht der ehemalige Souschef eines Sternerestaurants, der sich nach Jahren als Restaurantchef nun hier an der idyllischen Acht einen Traum erfüllte: Ein unkomplizierter, kulinarischer Treffpunkt, in dem es vom Fischbrötchen bis zu karamellisiertem Ziegenkäse mit glasierten Äpfeln oder Ostsee-Butt in Speckbutter eine tolle Auswahl gibt. Alles in hervorragender Qualität mit Erzeugnissen aus der direkten Umgebung. An der Strandpromenade (bei zu viel Fußgängeraufkommen fahren wir alternativ über die parallel verlaufende Strandallee) geht es zurück zum Ausgangspunkt an unserem Parkplatz in der Höppnerallee in 1 / Timmendorfer Strand.

‹ **links / Maritim-Hotel und Promenade in Travemünde** ⌃ **oben / Wo sogar Promis flanieren: Seebrücke in Timmendorfer Strand**

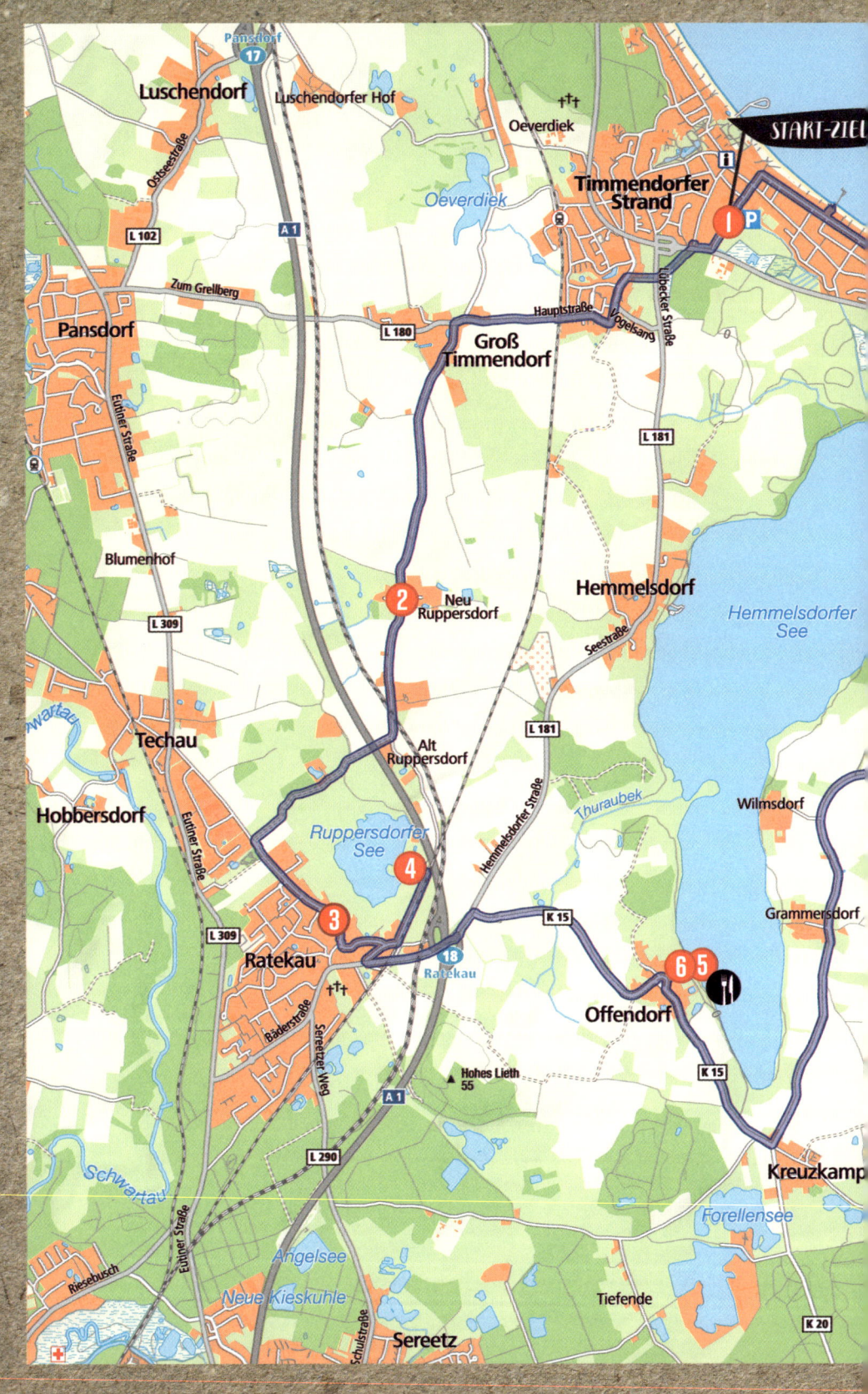

Lübecker Bucht

Niendorf/Ostsee

10

Brodten

9

B 76

Häven

Warnsdorf

K 30

7

Teutendorf

Travemünde

8

K 3

Priwall

Insel Priwall

Trave

Wendorfer Landstraße

Hansefahrt

Ivendorf

▲ Botteberg 25

Pötenitzer Wiek

Krebssee

1 km

TOUR 17

START / ZIEL
Parkplatz Sportpark Timmendorf

HINKOMMEN
Auto / A1 von Lübeck, Abfahrt Timmendorfer Strand; Parkplatz Sportpark Timmendorf, Höppner-weg 7, 23669 Timmendorfer Strand
ÖPNV / Mit der RB85 ab Lübeck bis Travemünde Bhf., von dort die Tour aus dem Ort heraus starten.
➤ **1 /** Timmendorfer Strand
➤ **2 /** Herrenhaus Neuruppersdorf
➤ **3 /** Feldsteinkirche Ratekau
➤ **4 /** Ruppersdorfer See ➤ **5 /** Ba-deanstalt Offendorf ➤ **6 /** Hem-melsdorfer See ➤ **7 /** Karls Erleb-nisdorf ➤ **8 /** Nordermole Trave-münde ➤ **9 /** Restaurant und Café Hermannshöhe ➤ **10 /** Bude 8

UNDER-STATEMENT UND PRACHT

An dieser Bergtour schätze ich einerseits ihr Understatement ob des niedrigen Gipfels – und gleichzeitig den stilvollen Abgang im Schloss.

➤ 1 / Start am Schloss Eutin im nordischen Backsteinbarock

➤ 2 / Bronzeskulptur Die Schauende am Eutiner See

➤ 3 / Merken für den Schluss der Tour: Freibadestelle im Seepark

➤ 4 / Durch den Wald zum Jagdschlösschen zwischen Kellersee und Ukleisee

➤ 5 / Wald-, Hügel- und Seenlandschaft am Sielbecker Moor

➤ 6 / Das höchstgelegene Gotteshaus Schleswig-Holsteins: St. Marienkirche Kirchnüchel

➤ 7 / Der Bungsberg – der höchste Berg Schleswig-Holsteins!

➤ 8 / Ausruhen auf der Wiese an der Schwentinequelle

➤ 9 / Seeblick zum Abschied am Großen Eutiner See

➤ 10 / Stilvoller Ausklang im Restaurant und Café Schlossküche Eutin

GIPFELSTÜRMER!

Bergtour auf
Schleswig-Holsteins
höchste Erhebung

Jetzt wird's ulkig: eine Bergtour in Schleswig-Holstein! Aber nichts ist unmöglich. Der Bungsberg ist ganze 167,4 Meter hoch, großzügig aufgerundet 168 Meter. Teils bewaldet, teils von Kühen beweidet, ist er ansonsten von einer Alp weit entfernt. Zugegeben: Außer beim höhenmäßig unverwöhnten Holsteiner stellt sich nur schwer ein Bergfeeling ein. Aber wie antwortete mal Reinhold Messner auf die Frage, warum er auf Berge steige? Weil sie da sind. Und weil er da ist, radeln wir eben auf den Bungsberg.

41 Kilometer
220 Höhenmeter ▲
220 Höhenmeter ▼
2:45 Stunden
Rundtour

Nordischer Backsteinbarock

Wir starten am Parkplatz beim
1 / Schloss Eutin. Dass die
Schönheit im nordischen Backsteinbarock aus einem simplen,
ländlichen Verwaltungshof (erbaut 1154) hervorging, der zur
Burg erweitert wurde, ist kaum
zu glauben. Der Ausbau zur

CHARAKTER

Sportlich ●●●●○
Abkühlung ●●○○○
Schlemmen ●●●○○
Panorama ●●●●○

TOUR,
DIE DU SO
NIE GEMACHT
HÄTTEST

TOURENINFO / Auf den Berg geht es durch ein Waldstück auf einem Waldweg und an den Seen entlang sind Natur- und Wanderpfade als Alternativen zur Straße vorhanden. Daher ist ein Mountainbike auf dieser Tour eine gute Idee. Picknick für den Gipfel mitnehmen!

◄ links / Blick vom höchsten Punkt Schleswig-Holsteins, dem Bungsberg über das umliegende Hügelland

TOUR, DIE DU SO NIE GEMACHT HÄTTEST

herrschaftlichen Residenz begann Ende des 16. Jahrhunderts. Wir kehren am Ende der Tour hierher zurück, und fassen einen Museumsbesuch mit Schlossführung ins Auge. Innen warten nämlich eine sehenswerte Schlosskapelle, farbenfrohe Deckenmalereien, wertvolle alte Gemälde und eine prachtvolle Einrichtung.

Blick auf Meerjungfrau und Schwimmen im Seepark

Wir fahren am See entlang. Nach wenigen Metern auf der Seepromenade erhaschen wir einen Blick auf die Fasaneninsel. Und auf das nächste Objekt: Was den Dänen ihre „Kleine Meerjungfrau" ist, ist den Eutinern 2 / Die Schauende. Mit ihren 60 Zentimetern ist sie zwar nur halb so groß wie ihre Bronzeschwester in Kopenhagen, nur halb so berühmt und auch gar keine Meerjungfrau. Aber das soll uns nicht stören. Wir fahren weiter bis zum Seepark. Ein Insidertipp im Sommer: Ein Bad im See an der 3 / Freibadestelle im Seepark ist eine erfrischende Belohnung nach dieser Bergtour. Wir merken uns das für später, werfen einen kurzen Blick auf die Bebensundbrücke und fahren ufernah weiter. An der Siedlung biegen wir vorher nach rechts ab und fahren nach Norden, ins Grüne.

EUTINER SEERUNDFAHRT
In der Stadtbucht am Schloss startet zwischen Ostern und Oktober (wochenends, in der Saison täglich) eine gemütliche Rundfahrt über den Eutiner See.

Ukleisee und Kellersee

Wir überqueren den Fluss Schwentine, biegen links in die Straße ein und fahren bis in den Ortsteil Fissau. Wir suchen uns den Wanderweg am rechten Ufer des Kellersees (rechnen hier immer mit Fußgängern und Reitern, ggf. steigen wir ab und schieben). Wer es schneller mag, bleibt auf Asphalt und fährt auf der Sielbecker Landstraße nach Norden. In der Siedlung Sielbeck biegen wir zum Ukleisee ab. Mit guter Bereifung können wir den Schildern zum 4 / Jagdschlösschen folgen, ein idyllisches Domizil zwischen Kellersee und Ukleisee, in einem ro-

➤ rechts oben / Schloss Eutin, renommiertes Kultur- und Festspielzentrum ➤ rechts Mitte / Die Schauende hat Besuch auf ihrem Stein im Großen Eutiner See

KM 1

Am 1 / Schloss Eutin bewacht die
Replik eines mittelalterlichen Fabel-
wesens die Brücke: ein Kynokephaloi
(Hundskopf). Kunst und Kultur werden sowohl im Schloss als auch in
Eutin groß geschrieben: Am besten
auf Veranstaltungstipps vor Ort achten, vom Musikfestival und Klassik-
konzerten bis zu Ausstellungen und
Märkten ist für jeden etwas dabei.

TOUR,
DIE DU SO
NIE GEMACHT
HÄTTEST

FISCHIGE VIELFALT

Der Ukleisee ist bemerkenswert artenreich: Hier schwimmen Aale, Barsche, Brassen, Hechte, Schleie, Zander, Karpfen, Plötze, Weißfische und Maränen.

mantischen Waldstück gelegen. Es diente einst als „Lusthaus": Die Damen trafen sich zum Tee, die Herren zur Jagd. Heute finden Konzerte und Ausstellungen statt, und auch das Ja-Wort können Paare sich hier geben. Wir fahren wieder zurück zum Kellersee, richten uns nach Norden und biegen auf die Kellerseestraße.

Jetzt geht's aufwärts!

Hier erwartet uns die erste, signifikante Steigung: von Seehöhe auf ca. 26 Metern geht es innerhalb von 500 Metern auf die doppelte Höhe, 52 Meter! Nach dieser Anstrengung biegen wir nach links zum 5 / Sielbecker Moor. Rund um den kleinen Schwonausee kommen einige kleine Moorflächen, die ganz unberührt bleiben dürfen. Wir fahren durch das Feuchtgebiet inmitten einer Wald-, Hügel- und Seenlandschaft und sammeln noch Kräfte für die nächste Steigung. Wir erreichen Benz und biegen an der Hauptstraße nach rechts ab. Die Straße nach Nüchel steigt langsam, aber stetig an und nach dem Ort müssen wir nochmal ordentlich treten bis Kirchnüchel (an der T-Kreuzung rechts).

Die höchstgelegene Kirche in Schleswig-Holstein

Nun befinden wir uns bereits auf 110 Metern über dem Meer – und damit an der höchstgelegenen Kirche Schleswig-Holsteins, der 6 / St. Marienkirche Kirchnüchel. Den Ruhm nimmt die gedrungene Feldsteinkirche mit ihrem weißen Turm gelassen: Sie steht schon seit 1230 ganz unbeeindruckt zwischen den Bäumen. Wir biegen noch in Kirchnüchel nach links ab, passieren das Landgut Kirchmühl (ein Ferien-Bauernhof mit Kühen und Heidschnucken), direkt unterhalb des Bungsbergs. In Mönchneversdorf biegen wir nach rechts ab, um ihn zu umfahren – die Straße führt auf etwa 120, 130 Höhenmetern um ihn herum. Die letzten 30 Höhenmeter schaffen wir jetzt auch noch!

Gipfelsturm auf den niedrigsten höchsten Berg

Jetzt aber rauf auf den höchsten Berg des Bundeslandes, den 7 / Bungsberg. Wir folgen dem Schild und erklimmen den Bungsberg auf einem Waldweg. Das letzte Stück bis zum Gipfelstein laufen wir. Und werden uns bewusst, dass hier ja ein Superlativ den nächsten jagt: Denn von allen höchsten Bundesland-Bergen ist der in Schleswig-Holstein wiederum der niedrigste! Das müssen wir auf dem Gipfel erstmal sacken lassen – was bei einem kleinen

68
Kilometer lang fließt die Schwentine von der 8 / Schwentinequelle, die nahe des Bungsberg in einer idyllischen Landschaft entspringt und viele der Seen in der Holsteinischen Seenplatte speist. Der Fluss mündet bei Kiel in die Kieler Förde und in die Ostsee.

◄ links / Felder und Wälder auf dem Weg zum Bungsberg
▲ oben / Windig und erfrischend: der Kellersee bei Sielbeck

Picknick und dem wunderbaren Blick über die Hügellandschaft leicht ist. Dazu der Duft der frisch gemähten Wiesen um uns herum … auf einem Grashalm knabbernd müssen wir aufpassen, nicht einzuschlafen. Wir schauen die ganze Zeit auch gezielt am Fernsehturm vorbei. Würden wir auf die Aussichtsplattform des achteckigen, 22 Meter hohen Elisabethturm steigen, sähen wir sogar von 186 Metern über die Holsteinische Schweiz. Genug gerechnet – wir fahren weiter, und endlich geht es leicht bergab, erst vom Berg hinunter, dann nach rechts, an der Landstraße wieder rechts nach Bergfeld.

AUSKLANG IM SCHLOSS

Das Café 10 / Schlossküche Eutin im schicken und in einem warmen Gelb gestrichenen Innenhof des Schlosses sorgt für ein perfektes Tourende.

Zur Schwentinequelle und dann abwärts!

Bei den ersten Häusern in Bergfeld entspringt auf einer Quellwiese an einem Feldweg der Fluss Schwentine, der in seinem Verlauf auch die Seen der Holsteinischen Seenplatte speist und nach sehr, sehr viel Schlängelei in die Kieler Förde mündet. Optisch ist die 8 / Schwentinequelle unspektakulär, aber doch ein sehr friedlicher, entspannter Platz zum Ausruhen nach der Steigung. Und was soll jetzt auch noch kommen, nach dem höchsten Berg? Erstmal die Belohnung: die Abfahrt! Vorbei am von Feldern umgebenen Stendorfer See. Aber wir

TOUR, DIE DU SO NIE GEMACHT HÄTTEST

1786

wurde der Komponist Carl Maria von Weber in Eutin geboren, als Sohn des Hofkapellmeisters und Eutiner Stadtmusikus. Ihm zu Ehren werden im Sommer die Eutiner Festspiele ausgerichtet. Das Programm reicht von Kammerkonzerten bis zu bekannten Opern und Operetten, und auch Jazz- und Popmusiker sind dabei.

fahren trotzdem gemütlich, denn es geht durch eine kleine Siedlung. Die schmale Asphaltstraße beschreibt ein paar Kurven und an ihrem Ende biegen wir auf die Landstraße, die uns wieder nach Eutin bringt.

Am Großen Eutiner See entlang

Um das Ende dieser Tour noch richtig zu genießen, brauchen wir Seeblick: Den 9 / Großen Eutiner See erreichen wir, indem wir am Ortseingang von Eutin, dort wo sich die Bäume lichten, die Landstraße in den Redderkrug verlassen und gleich links in einen Feldweg einbiegen, der uns ein Stück am See entlangführt. An seinem Ende erreichen wir fast automatisch das Schloss. Jetzt ist der ideale Zeitpunkt zur Einkehr ins einladende Restaurant und Café 10 / Schlossküche Eutin im schicken, renovierten Innenhof der geschlossenen Vierflügelanlage, in freundlichen Farben und wie alles am Ziel im 1 / Schloss Eutin sehr repräsentativ.

◀ **links / Brunnen auf dem Marktplatz in Eutin** ▲ **oben / an der Seepromenade in Eutin am Grossen Eutiner See**

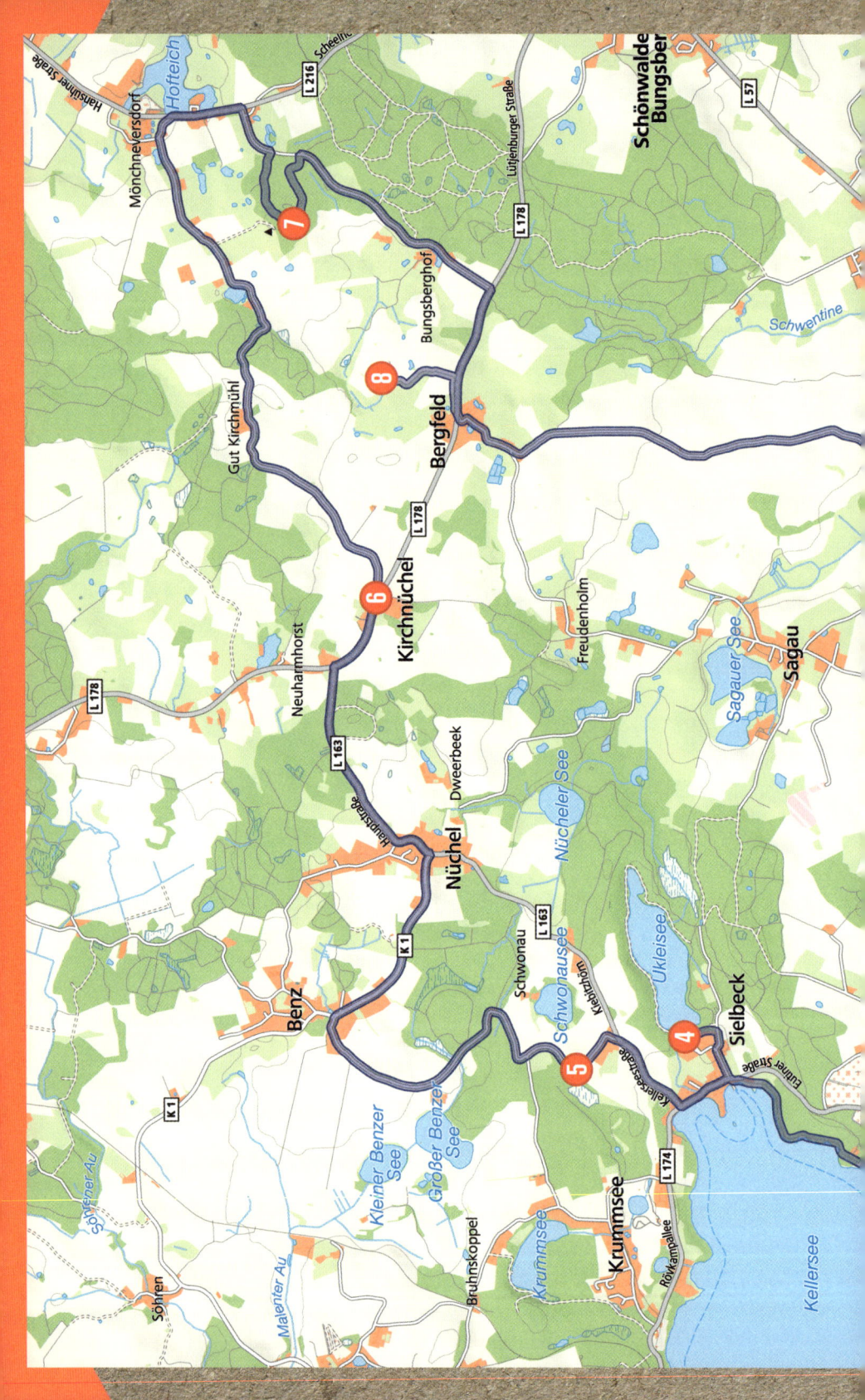

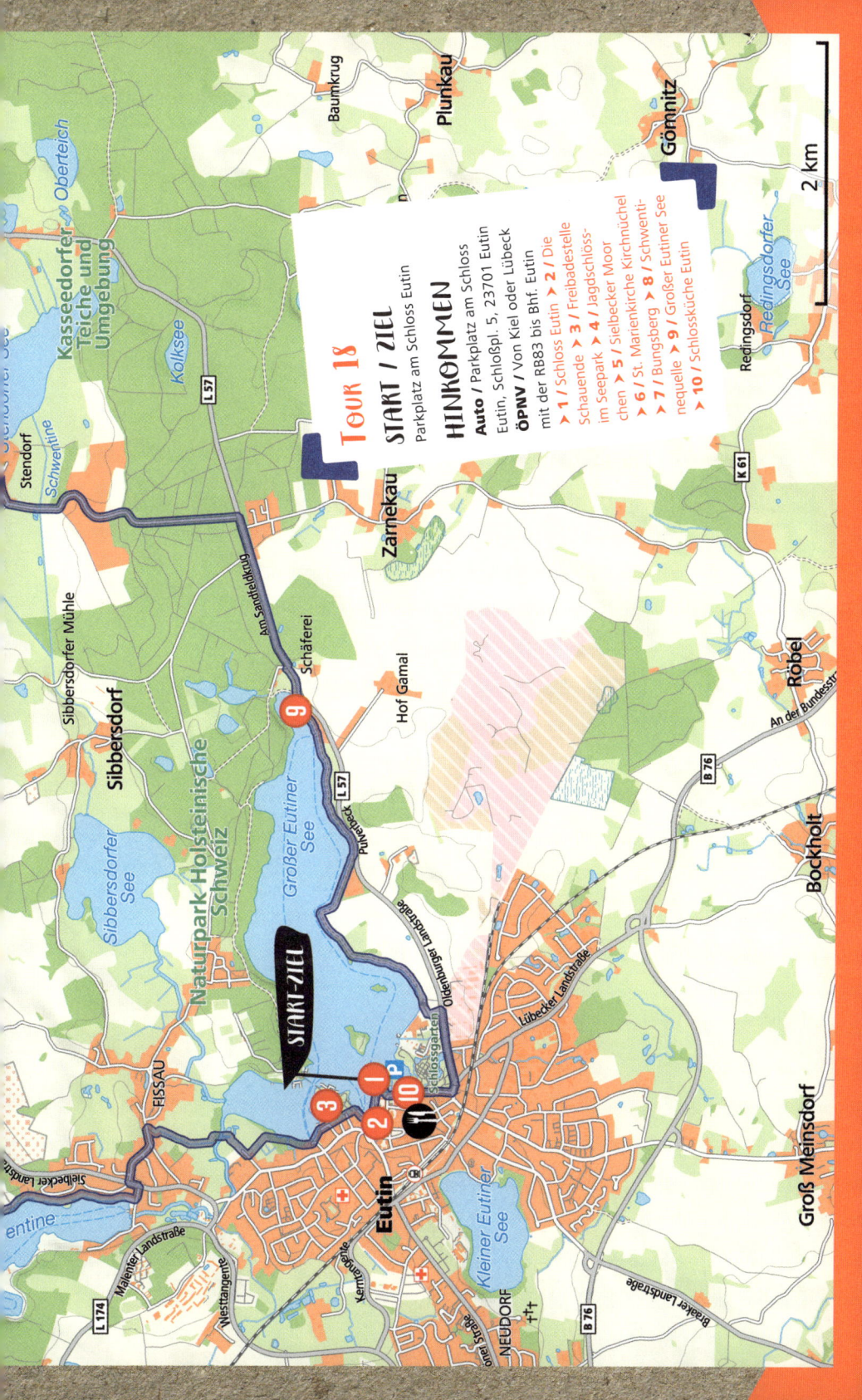

Tour 18

START / ZIEL
Parkplatz am Schloss Eutin

HINKOMMEN

Auto / Parkplatz am Schloss Eutin, Schloßpl. 5, 23701 Eutin
ÖPNV / Von Kiel oder Lübeck mit der RBB3 bis Bhf. Eutin

> 1 / Schloss Eutin > 2 / Die Schauende > 3 / Freibadestelle im Seepark > 4 / Jagdschlösschen > 5 / Sielbecker Moor > 6 / St. Marienkirche Kirchnüchel > 7 / Bungsberg > 8 / Schwenti- nequelle > 9 / Großer Eutiner See > 10 / Schlossküche Eutin

STEILKÜSTEN

Markenzeichen der Ostsee,
wie hier das Brodtener Ufer
(Tour 17)

WOCHENEND-BIKEAWAYS

MINI-URLAUBS-TOUREN MIT ÜBERNACHTUNG

NEULAND

Von einem Meer zum anderen zu biken, hatte ich davor nie in Betracht gezogen. Mit dem E-Bike ist die Tour leicht zu schaffen und trotzdem zu genießen.

> **1** / Kappeln an der Schlei: Start an der Brücke über den Ostseefjord

> **2** / Pures Schleiidyll in Lindau und Lindaunis

> **3** / Am Ende der Schlei: Schloss Gottorf auf der Museumsinsel

> **4** / Das Danewerk, Grenzwall der Dänen und Weltkulturerbe

> **5** / Am Wikingerhafen Hollingstedt beginnt Nordfriesland

> **6** / Aus der letzten Eiszeit: Wildes Moor bei Schwabstedt

> **7** / Holländerstadt am Wasser: Friedrichstadt

> **8** / Schön übernachten im Gästehaus Kajüte in Friedrichstadt

> **9** / Gute, traditionelle Fischküche: Holländische Stube mit Grachtenblick

> **10** / Friesische Architektur am Herrenhaus Hoyerswort

> **11** / Von 1613: Historischer Hafen Tönning an der Eider

> **12** / Eidermündung und Küstenschutz an der Nordsee: Eidersperrwerk

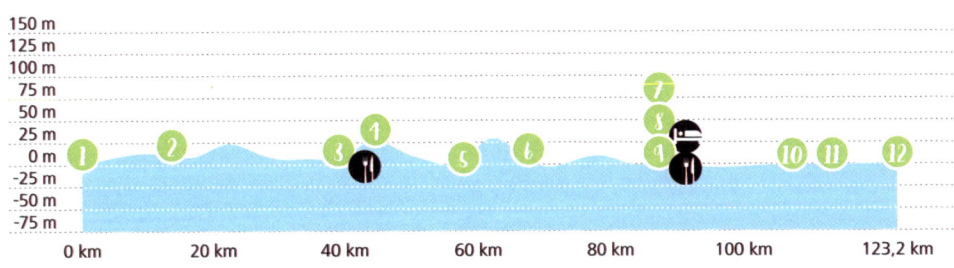

VON MEER ZU MEER

Von **Kappeln an der Ostsee**
bis an die **Nordsee** *bei* **Tönning**

Nord- und Ostsee sind für echte Schleswig-Holsteiner zwei Paar Schuhe. Zwar gibt es keine Feindschaften, dazu ruht der Norddeutsche zu sehr in sich selbst. Dennoch heißt es: Team Nordsee oder Team Ostsee. Das ist oft auch als Urlauber so. Man könnte also sagen, wer den Wikinger-Friesen-Weg fährt, leistet einen nicht unerheblichen Beitrag zur Völkerverständigung. Wir starten im Ostseehafen Kappeln.

Tag 1 + Tag 2
88 + 35 Kilometer
190 + 30 Höhenmeter ▲
190 + 30 Höhenmeter ▼
5:30 + 2:30 Stunden
Streckentour

Kappeln und die Schleimündung

Wir starten in 1 / Kappeln an der Schlei in der Stadtmitte. Von der Uferpromenade sehen wir Ausflugsdampfer nach Maasholm abfahren und überlegen, diese Fahrt noch voranzustellen. Denn sie ist nicht nur landschaftlich reizvoll, sondern passt auch ins Thema: Die Wikinger gründeten Maasholm, als sie ihre Raubzüge aufgegeben und beschlossen hatten, sesshaft zu werden. In Kappeln bestaunen wir kurz

CHARAKTER
Sportlich ●●●●○
Abkühlung ●●●○○
Schlemmen ●●○○○
Panorama ●●●●○

TOURENINFO / Wir fahren vorwiegend auf Radwegen an Landstraßen, weichen hier und da auf Nebenstraßen aus, die allesamt gut zu fahren sind.

◄ links / Wohin die Möwe auch fliegt, wir fahren von Meer zu Meer

den Heringszaun, eine alte, denkmalgeschützte Fischfanganlage im Wasser (Infos in Tour 1). Die Schleibrücke klappt auf – wie immer um „Viertel vor" – und hält den Straßenverkehr auf, um ein Segelboot passieren zu lassen. Wir bleiben aber auf der nördlichen Uferseite, fahren an der Schlei entlang nach Süden und erreichen Grödersby. Die Endung -by bei Ortsnamen ist ursprünglich dänisch und bedeutet Gehöft oder Dorf. Im Ort biegen wir nach rechts ab. Das Gröderbyer Noor gibt einen ersten Eindruck der Landschaften, die die Schlei prägen. Ein Noor, auch Haff genannt, ist ein Strandsee oder eine seeähnliche Erweiterung eines Gewässers – wie eben hier der Schlei und der Ostsee. Bei Ketelsby biegen wir ab nach links in Richtung Lindau, um dem Gewässer noch näher zu sein.

EINE KLEINE SEEFAHRT

Von Kappeln fahren ein Raddampfer und ein Ausflugsboot nach Maasholm und an die Schleimündung. Die Schlei ist vom Wasser aus gesehen noch schöner!

Die alte Eisenbrücke über die Schlei

Wir erreichen 2 / Lindau und Lindaunis, charmante kleine Dörfer und Repräsentanten des puren Schleiidylls. Die pittoreske, eiserne Schleibrücke teilen sich seit 1927 Fußgänger, Radfahrer, Kfz und Züge. Am breitesten ist die Schlei zwischen Missunde und Schleswig, an der Großen Breite bis zu 4,2 Kilometern und beliebt bei Seglern, Ruderern und Kanuten. Wir verstehen, warum es alle hier so toll finden, auch wir würden gern bleiben. Doch wir sind noch lang nicht bei den Friesen angekommen – also weiter! Wir genießen auf unserer Fahrt die traumschöne Natur im Vorland der Schlei, fahren via Gunneby in Richtung Ulsnis und Brodersby. Wer mag, baut einen Abstecher zur Schleifähre Missunde ein. Hier an der Missunder Enge ist die Schlei nur 135 Meter breit und man könnte sogar ans andere Ufer schwimmen, falls die Fähre außer Betrieb ist. Wir fahren lieber weiter in Richtung Schleswig – denn der erste Teil dieser Tour ist noch lang und hat es in sich.

➤ rechts oben / Fischerstadt Kappeln an der Schlei, damals fest in Wikingerhand ➤ rechts Mitte / Schleimündung Ostsee in Schleswig-Holstein

42

Die Schlei (altdänisch: Slæ, „schlam-
miges Gewässer") ist trotz ihrer
42 Kilometer Länge kein Fluss. Denn
sie hat keine Quelle und mündet
nicht in das Meer, sondern ist ein
Meeresarm der Ostsee, der in das
Land hinein mäandert. Der Salzgehalt
nimmt von Schleimünde bis zu ihrem
Ende bei Schleswig immer weiter ab.

WECHSELHAFTER BAU

Die Schleibrücke Kappeln schwamm 1867 auf Pontons, 1927 baute man eine Drehbrücke und seit 2000 führt eine zweiflügelige Klappbrücke über die Schlei.

PRACHTVOLLE MUSEUMS- INSEL

Ein Schloss am Ende der Schlei

Wir erreichen Schleswig, eine Kleinstadt am Ende der Schlei. Der Wikingturm, ein Hochhaus, überragt alles und ist wirklich keine Schönheit. Wie als Ausgleich umso imposanter und schöner ist aber 3 / Schloss Gottorf. Wir fahren auf die Museumsinsel und staunen über so viel Pracht. Die Vorläuferburg von Gottorf war im Mittelalter als „Schlüssel und Wacht des ganzen Dänemark" bekannt und Teil des Danewerks. Das erinnert uns daran, weiterzufahren (sofern wir nicht noch im Schlosskeller einkehren oder in Schleswig übernachten wollen). Es geht nach Westen aus der Stadt heraus. Ein bisschen zerfasert, durch Autobahn, Bundesstraße und Militärgebiet, aber wir orientieren uns an den ausgeschilderten Radwegen und erreichen dann den Ochsenweg und das Danewerk, den mittelalterlichen Grenzwall der Dänenkönige.

Die deutsch-dänische Grenze im Mittelalter

Der Grenzverlauf zwischen Dänemark im Norden und dem germanischen Vielvölkerreich im Süden war immer wieder umstrit-

ten. Entlang der Schlei war die Orientierung und das Aufhalten der Feinde aufgrund der natürlichen Gegebenheiten einfach. Im Landesinneren hingegen bot das flache Land kaum natürliche Grenzen. So bauten die Dänen einen mächtigen Grenzwall, das 4 / Danewerk (dänisch: Danevirke), um die Machtverhältnisse zu klären. Das Danewerk gilt als das größte archäologische Denkmal Nordeuropas und ist seit 2018 Weltkulturerbe der UNESCO. Wer sich dafür interessiert, schaut sich vor Ort im Danewerkmuseum um. Weitere Details sind in der KulTour Nr. 11 zu finden. Wir fahren nach Süden aus dem Ort Dannewerk (der sich zwecks Unterscheidung mit zwei „n" schreibt) und an der T-Kreuzung rechts in Richtung Ellingstedt. Im Ort biegen wir rechts ein und folgen dann links den Radweg-Schildern bis Hollingstedt, um nicht an der Landstraße zu fahren (die ausnahmsweise mal keinen Radweg hat). Wir bevorzugen die Fahrt durch die weiten, platten Felder, von denen einige blühen, andere satt grün neben uns vorbeiziehen.

Ein Wikingerhafen mitten im Land
In Hollingstedt finden wir ein Kuriosum: einen Hafen, mitten im Land! Der 5 / Wikingerhafen Hollingstedt liegt an der Treene,

95
Kilometer lang ist die Treene, an der der 5 / Wikingerhafen Hollingstedt liegt. Der Fluss entstand vor ca. 14.000 Jahren in der Weichselkaltzeit, der letzten Eiszeit, durch abfließendes Schmelzwasser. Sie mündet bei 7 / Friedrichstadt in die Eider.

◀ links / Schleswig: Schloss Gottorf und die Museumsinsel mit dem Archäologischen Landesmuseum ▲ oben / der Grenzwall Danewerk

einem wichtigen, schiffbaren Fluss in Norddeutschland. Hier fand auch das Danewerk einst sein westliches Ende. Die Handelsschiffe kamen aus der Nordsee über Eider und Treene bis hierher. Händler vermieden mit ihrer Fracht so die gefährliche Seefahrt um die Nordspitze Dänemarks (in heutiger Zeit übernimmt diese Funktion der Nord-Ostsee-Kanal, die meistbefahrene Wasserstraße der Welt, die Ost- und Nordsee verbindet). Bei Hollingstedt reichte ein trockener Ausläufer der Geest an die sonst von Moor begleitete Treene heran. So konnte die Fracht hier bequem umgeladen und dann die knapp 18 Kilometer an Land in die Handelsstadt Haithabu transportiert werden. Zu sehen ist heute leider nichts, wir müssen unsere Fantasie bemühen. Aber bei archäologischen Ausgrabungen zwischen 1995 und 1998 wurden tatsächlich zwei Schiffslandeplätze und große Mengen wikingerzeitlicher Gegenstände entdeckt und geborgen, die verschiedener Herkunft sind. Die von der Nordsee

ARCHÄOLOGISCHES LANDESMUSEUM

Die Sammlungen in 4 / Schloss Gottorf umfassen ca. 10 Millionen Fundstücke. Die Stars des Museums: das Nydam-Boot und einige Moorleichen.

⌃ oben / Der heute unsichtbare Wikingerhafen Hollingstedt an der Treene
➤ rechts / Möweneier – früher eine Delikatesse

kommenden Händler stammten von überall, z. B. aus dem Rhein-
land, aus England oder aus Norwegen. In Hollingstedt verlassen
wir den Kreis Schleswig-Flensburg und sind in Nordfriesland,
sprich: im friesischen Teil des Wikinger-Friesen-Wegs! Wir finden uns in einzigartiger Natur. Über die Landstraße (leider auch
ohne Radweg) erreichen wir Ostenfeld (bei Husum) und biegen
im Dorf links nach Seth / Winnert ein und folgen den Schildern
ins Naturschutzgebiet (können es aber auch umfahren).

Im wilden Friesland

Das 6 / Wilde Moor bei Schwabstedt ist ein atlantisches Hoch-
moor, das in der letzten Eiszeit entstanden ist, und liegt in der
Flusslandschaft aus Eider, Treene und Sorge – einer der moor-
reichsten Regionen Schleswig-Holsteins. Das offene und fast
baumlose Feuchtgebiet bietet einen Lebensraum für viele Vogelarten. Das Naturschutzgebiet erkunden wir zu Fuß, ein Beobachtungsturm mitten im Moor gewährt einen weiten Rundumblick.
Ein Moorlehrpfad auf einem Holzbohlenweg gewährt Einblick in
die sensible Pflanzenwelt.

Nach Friedrichstadt

Nach unserem Spaziergang
steigen wir wieder aufs

1,8

Hektar groß ist die Möweninsel vor
Schleswig. Bereits vor 1115 stand
eine Burg auf der Insel, erst Jurians-
burg, später Möwenburg genannt.
Die Namensgeber: Eine Lachmöwen-
kolonie, die bereits 1739 erwähnt
wurde. Dokumente von 1834
sprechen von einem „Möwenkönig",
der die Möweneier als Delikatesse
verkaufen durfte.

ADVENT DER SUPERLATIVE

Jedes Jahr leuchtet zur Weihnachts-
zeit an der Fassade des Packhauses
im 12 / Historischen Hafen Tönning
der längste Adventskalender
der Welt.

AUF DER SCHLOSS-STRASSE ZUR TREENE

Rad und fahren ein Stück an der sich schlängelnden Treene entlang. An den nächsten beiden T-Kreuzungen geht es erst links,
dann rechts. Nach der Siedlung Hollbüllhuus durchqueren wir den
Lehmsieker Wald. Ausgangs des Gehölzes geht es links ab nach
Schwabstedt, wo es mal ein Schloss gab, das aber verschwunden
ist. Immerhin eine Schlossstraße gibt es noch, die uns zur Treene
bringt, die hier ein veritabler Fluss ist. Wir überqueren sie, grüßen
ein paar Angler, die uns neugierig beäugen. Bald biegen wir nach
rechts ab, umfahren Seeth und kommen durch die Felder ins wunderschöne, kleine Friedrichstadt.

Ankunft bei den Friesen, in der Holländerstadt

7 / Friedrichstadt wurde dort gegründet, wo sich Eider und Treene treffen. Sie nennt sich auch „die Holländerstadt" und hat den
vielleicht schönsten Marktplatz in Schleswig-Holstein (besonders
sehenswert das Brunnenhäuschen). Die meisten Bauten wurden im Stil der niederländischen Backsteinrenaissance errichtet.
Grachtenähnliche Wasserläufe prägen das Stadtbild. Wir bleiben,

wohnen im 8 / Gästehaus Kajüte und kehren zum Essen passenderweise in die gute 9 / Holländische Stube ein (Am Mittelburgwall 24–26, 25840 Friedrichstadt, Do–Di 12–22 Uhr, Mittwoch geschlossen). Die Scholle mit Nordseekrabben ist drinnen in gemütlichen Friesenzimmern oder draußen auf der Terrasse mit Blick auf den Mittelburggraben gleich hervorragend. Ja, wir sind bei den Friesen angekommen. Doch unsere Tour ist noch nicht zuende. Die Nordsee wartet auf uns.

Auf der Halbinsel Eiderstedt

Am nächsten Tag geht es gestärkt weiter, an der Eider entlang, grob in Richtung Tönning. Wir vermeiden die Bundesstraße und fahren entlang der Bahnlinie nach Norden aus dem Städtchen heraus nach Koldenbüttel, durchqueren diesen Ort. Hinter der Kirche fahren wir auf einer Nebenstraße durch weite Felder und Wiesen bis wir die B5 erreichen, überqueren diese ca. 200 Meter weiter nördlich, um dann nach Westen weiter auf den kleinen Straßen durch die Salzwiesen der Halbinsel Eiderstedt zu fahren. Schafe, immer wieder Schafe. Und einige schöne, große Bauernhäuser. Wir fahren durch Witzwort und Oldenswort und kurz danach können wir die friesische Architektur am 10 / Herrenhaus

1621

wurde 7 / Friedrichstadt vom Schleswiger Herzog Friedrich III. gegründet, um den in den Niederlanden verfolgten Remonstranten (einer protestantischen Religion) eine Heimat zu bieten. Das „Holländerstädtchen" definiert sich bis heute als „Stadt der Toleranz".

◄ links / Schon zur Wikingerzeit schiffbar: die Treene bei Schwabstedt
▲ oben / Friedrichstadt, die Holländerstadt mit seiner schönen Altstadt

AN DER NORDSEE

Tönning ist ein zur Nordsee offener
Gezeitenhafen – rund drei Meter
ist der Unterschied zwischen Ebbe
und Flut. Alle sechs Stunden
fällt der Hafen trocken. Danach
müssen sich auch die Tönninger
Krabbenfischer richten und alle, die
Krabben direkt vom Kutter kaufen
und pulen möchten.

Hoyerswort genau studieren und bewundern. Das Naturschutzgebiet Oldensworter Vorland umfahren wir und gelangen von
Norden nach Tönning.

Seebär-Town Tönning
Der 11 / Historische Hafen Tönning in diesem sehr niedlichen Städtchen an der Eider, wurde bereits 1613 in seiner heutigen Form ge-
graben. Schiffe brachten Eiderstedts landwirtschaftliche Produkte in
ferne Länder. Er ist Heimathafen der Tönninger Krabbenfischkutter,
und historische Gebäude aus der damaligen Zeit (z. B.
die Holzschiffwerft, das Skipperhuset und das Tönninger
Packhaus) lassen Seebär-Feeling aufkommen. Wir fahren
die Eider entlang, durch den Nachbarort Olversum. Hinter
Groß-Olversum biegen wir links ab. Der Fluss weitet sich
und die Landschaft wechselt ihr Gesicht.

EBBE UND FLUT
Das Wasser an der Nordsee
verschwindet zweimal täglich,
kommt aber sicher wieder.
Ein Gezeitenkalender hilft,
zur richtigen Zeit am richtigen
Ort zu sein.

Ein Sperrwerk zum Schutz vor Sturmfluten
Wir erreichen das größte deutsche Küstenschutzbauwerk: Das
12 / Eidersperrwerk wurde nach der schweren Sturmflut von
1962 erbaut. Keine Schönheit, aber beeindruckend und zweck-
mäßig. Bei einer Stärkung im Imbiss am Sperrwerk lassen wir
das auf uns wirken. Die Natur hat sich nach der Fertigstellung
enorm verändert. Der Einfluss der Nordsee auf das Eiderwatt ist
auf Null gesunken, während sich an der breiten Eider-Mündung
im Norden das Katinger Watt neu bildete – heute Naturschutzgebiet und Heimat vieler Wasservögel. Wir sind am Ende unserer Wikinger-Friesen-Weg-Variante angelangt – denn wir sind
an der Nordsee! Wohlverdiente Entspannung finden wir z. B.
im Nordseeheil- und Schwefelbad St. Peter Ording in der Dü-
nen-Therme, bei einem Spaziergang an den weiten Sandbänken
oder bis zum Leuchtturm Westerhever.

‹ **links oben / Historischer Hafen Tönning** ‹ **links Mitte / Das imposante
Eidersperrwerk zum Schutz vor Sturmfluten**

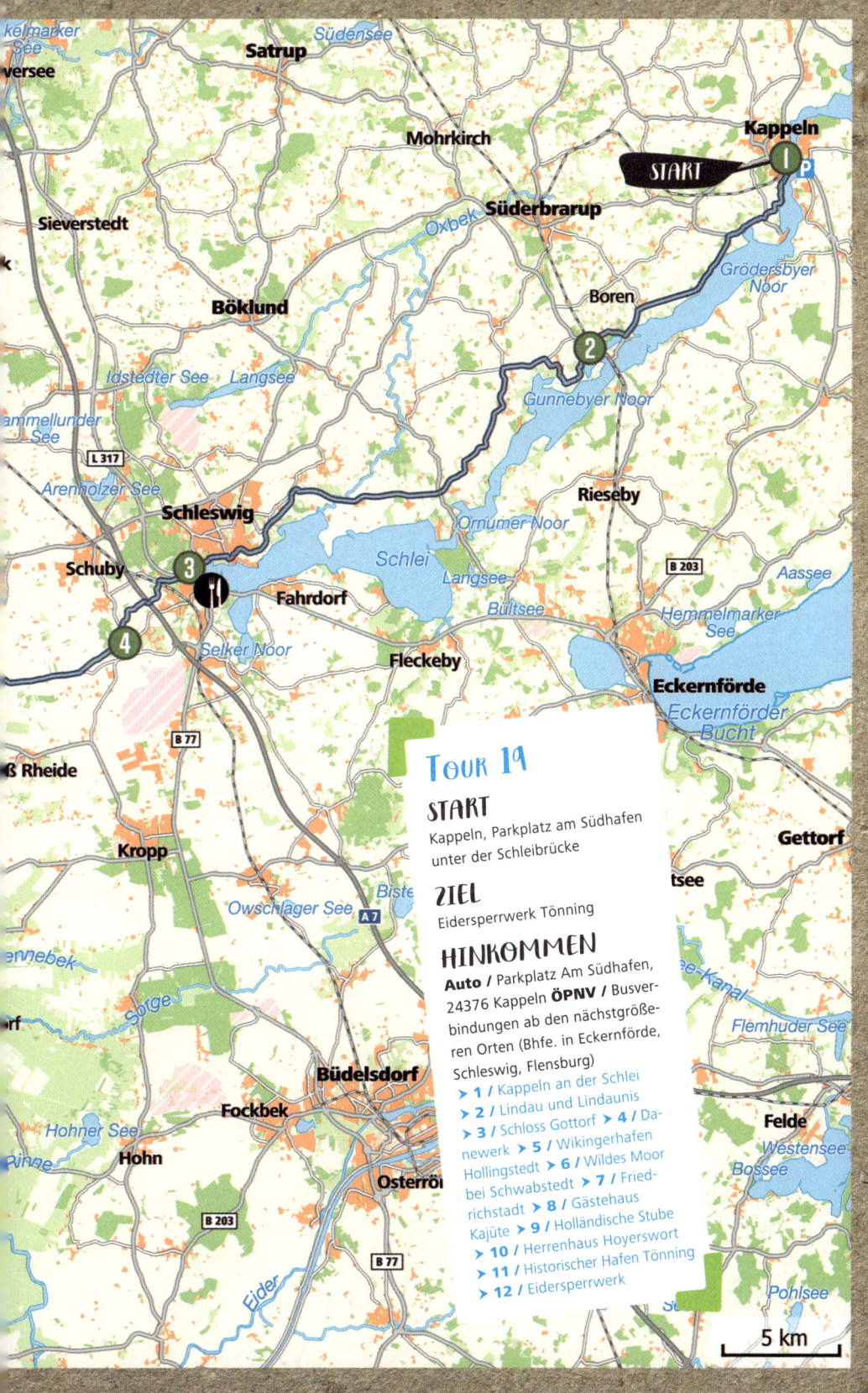

TOUR 19

START
Kappeln, Parkplatz am Südhafen
unter der Schleibrücke

ZIEL
Eidersperrwerk Tönning

HINKOMMEN
Auto / Parkplatz Am Südhafen,
24376 Kappeln **ÖPNV /** Busverbindungen ab den nächstgrößeren Orten (Bhfe. in Eckernförde,
Schleswig, Flensburg)

> **1 /** Kappeln an der Schlei
> **2 /** Lindau und Lindaunis
> **3 /** Schloss Gottorf > **4 /** Da-
newerk > **5 /** Wikingerhafen
Hollingstedt > **6 /** Wildes Moor
bei Schwabstedt > **7 /** Friedrichstadt > **8 /** Gästehaus
Kajüte > **9 /** Holländische Stube
> **10 /** Herrenhaus Hoyerswort
> **11 /** Historischer Hafen Tönning
> **12 /** Eidersperrwerk

5 km

TOLLES SEGELREVIER

Als Seglerin finde ich Kappeln an der Schlei und die Kieler Förde vom Wasser aus eigentlich noch schöner. Sie per Rad zu verbinden geht aber auch gut!

➤ **1** / Start in Kappeln, der Heringsstadt

➤ **2** / Dörphof, eines der schönen Landgüter in der Region Schwansen

➤ **3** / Gut Damp: Historischer Rückzugsort auf dem Land

➤ **4** / Ferienparadies im Ostseebad Damp

➤ **5** / Dörfliche Backsteinarchitektur in Waabs

➤ **6** / Am Sonntagmorgen zum quirligen Eckernförder Fischmarkt

➤ **7** / Auf halber Strecke schön übernachten im Boutiquehotel Lüttes Loft

➤ **8** / Letzter Urwaldbaum: Stiftseiche in Dänisch-Nienwohld und Schwedeneck

➤ **9** / Kiel Sailing City: Segler treffen sich im Olympiahafen Kiel-Schilksee

➤ **10** / Schleusen zum Nord-Ostsee-Kanal im Marineviertel Kiel-Holtenau

➤ **11** / Flanieren an der Kieler Hörn: alte Schiffe und große Pötte

➤ **12** / Die Förde im Blick: all and me Hotel Kiel

20

VON KAPPELN NACH KIEL

Sportlich unterwegs
auf einem *Abschnitt* des
Ostseeküstenradwegs

Von Kappeln nach Kiel fahren wir auf dem offiziellen Ostseeküstenradweg, einem der schönsten Fernradwege Deutschlands. Zwar nicht immer perfekt ausgeschildert, aber selbst, wer den ein oder anderen Abzweig verpasst, findet spielend leicht zurück: Die Ostsee ist immer linker Hand und zieht uns wie ein Magnet zu sich, schenkt dabei gesunde Meeresluft sowie geniale Eindrücke und Ausblicke.

Tag **1** + Tag **2**
454 + **50** Kilometer
75 + **115** Höhenmeter ▲
75 + **115** Höhenmeter ▼
3:**30** + **3** Stunden
Streckentour

Los geht's

Ausgangspunkt ist 1 / Kappeln, die kleine Fischer- oder vielmehr: Heringsstadt in der Landschaft Angeln (wer mag, ergänzt den Heringstörn, Tour 1

CHARAKTER

Sportlich ●●●○○
Abkühlung ●●●●○
Schlemmen ●●●○○
Panorama ●●●●○

in diesem Buch). Wir parken an der zweiflügeligen Klappbrücke, die sich auch prompt öffnet, weil ein Segelschiff in die Schlei einfahren möchte. Wir warten das ab, setzen uns aufs Rad, überqueren das Wasser über die Brücke, werfen noch einen Blick zurück und starten nach Osten. Schnell

TOURENINFO / Der Ostseeradweg ist ausgeschildert und führt auf diesem Abschnitt durchgängig auf festem Untergrund und auf Radwegen und weist keine nennenswerten Schwierigkeiten auf.

◄ **links / Der Ostseeküstenradweg beschert uns tolle Blicke aufs Meer – und ist nicht nur im Sommer schön**

erreichen wir den ehemaligen Marinestützpunkt Olpenitz, der in einen modernen Urlaubsort verwandelt wurde – und umfahren ihn einfach. Gleich aussehende Ferienhäuser und Baustellen, deren Wachstumsende nicht abzusehen ist – das begeistert Einheimische weniger. Wobei man zugeben muss, dass die Ferienwohnungen auf der Mole mit Blick auf die Schleimünde und das weite Hafenbecken als Urlaubsdomizil schon etwas für sich haben. Wir fahren nach Süden, durch Schönhagen (hier lockt ein Abstecher zu Fuß zur Steilküste) und bleiben dann auf der Ostseestraße, die irgendwann in Richtung Karby abknickt.

SELFIE IN KAPPELN

Am Aussichtspunkt an der Schleibrücke ist ein Rahmen aufgebaut – für ein Foto, das mit Freunden und in sozialen Netzwerken geteilt werden kann.

Gutshöfe in Schwansen

Wir sind in der Region Schwansen, deren Ländereien entweder in Bischofs- oder Adelsbesitz waren. Fruchtbare Felder begründeten einen gewissen Reichtum durch Landwirtschaft und Viehhaltung. Wir folgen den Wegweisern nach 2 / Dörphof, dessen dörfliche Backstein-Architektur mit schönen Reetdachkaten genau davon erzählt. Auf dem Weg zurück zur offenen Ostsee kommt der Wind im Herbst gern direkt von der See über das platte Land und macht den Weg nach Damp oft ungemütlich. Da müssen wir durch.

Verwöhnprogramm mit Historie

Weil das Ostseebad Damp keine wirkliche Schönheit ist, sehen wir uns das Highlight noch vor dem Ortseingang an: das 3 / Gut Damp, in dem wir in stilvollen Lofts übernachten können (leider wohl nicht für jedes Radler-Budget geeignet), falls wir die Tour auf mehrere Tage verteilen wollen. Dazu müssen wir den offiziellen Ostseeküstenradweg auf die Straße Revkuhl verlassen und knapp einen Kilometer zur B203 fahren. Dort befindet sich gegenüber auf der Landstraße die Einfahrt zum Gut – markiert durch eine

---

➤ **rechts oben / In Kappeln geht es los** ➤ **rechts Mitte / Marina Olpenitz, mit modernem Jachthafen und weitem Hafenbecken**

KM 1

Bei der Heringswette in 1 / Kappeln geht es darum, das Gewicht eines Fischfangs zu schätzen. Wer am dichtesten dran ist, wird für ein Jahr Heringskönigin oder Heringskönig von Kappeln – ein Titel, den man sich nicht entgehen lassen sollte! Gekürt jährlich bei den Heringstagen im Mai.

gelbe Kuh, die Werbung für das dortige Restaurant Kuhhaus macht, in dem wir uns kulinarisch-seelisch bestens auf den Rest der Etappe vorbereiten können. Die Gutsgeschichte reicht bis ins 15. Jahrhundert zurück. Wir bestaunen das schöne Torgebäude, die großen Reetdachscheunen und das Haupthaus.

Für Ruhesuchende

Und dann erreichen wir das 4 / Ostseebad Damp. Ein Mix aus klinikgleichen hohen Betonbauten und einer Unmenge an Ferienhäusern. Fast jeder Mensch in Schleswig-Holstein hat einen Onkel oder eine Oma oder einen Freund, die zur Reha in Damp waren. Die Ostseeklinik ist eine der ersten Adressen in Deutschland für chirurgische und neurologische Therapien. Und die Genesung geht sicher in dem Ambiente der Ostsee bestens vonstatten. Der Ort ist darum von entsprechendem Publikum frequentiert und eher ruhig. Was ein Vorteil ist, denn manchmal suchen wir ja genau das. Nach dem Hafen wird der Weg etwas rustikal. Da nicht geteert, kann er bei Regen auch schwierig zu fahren sein. Aber die Strecke ist kurz

und der weite Blick auf die Ostsee lohnt das kleine Ungemach. Der Ostseeküstenradweg biegt vor Fischleger ins Landesinnere ab und führt über Schwastrum nach Großwaabs. Wer den Abzweig verpasst, fährt einfach weiter und entlang der B203, wenngleich das eher langweilig ist.

Landgüter rund um Waabs

5 / Waabs ist ein niedliches, ganz normales schleswig-holsteinisches Dorf. Seine Marienkirche, ein hübscher Klinkerbau, ist innen weiß gestrichen. Auf dem Weg nach Eckernförde kommen wir an vier herrlichen Landgütern vorbei, in Backstein gebaut: Gut Sophienhof, Gut Ludwigsburg, Gut Hohenstein und Gut Hemmelmark. Ein bisschen abseits wäre auch noch ein fünftes, Gut Karlsminde. Im Gut Ludwigsburg gibt es auch ein Cafè und eine Gutsküche – falls es doch regnet oder Bedarf an einer Stärkung besteht. Dann geht es weiter nach Eckernförde.

Fisch & Shopping-Stopp Eckernförde

Der erste große Etappenstopp: Eckernförde liegt, wie der Name schon sagt, an einer Förde. Um nicht doppelt gemoppelt Eckernförder Förde zu sagen, heißt die Ostsee hier Eckernförder Bucht.

FISCH-MARKT-SONNTAG

An jedem ersten Sonntag im Monat ist 6 / Eckernförder Fischmarkt. Es gibt fangfrischen oder geräucherten Fisch vom Kutter, und über 100 Stände mit vielfältigen Angeboten. Es lohnt sich, die Tour daraufhin zu planen.

◀ links / Der beliebte Eckernförder Strand ist im Sommer Location für Konzerte ▲ oben / Eckernförder Fischmarkt: ein Fischbrötchen ist Pflicht

Der Ostseeküstenradweg führt uns direkt am Hafen entlang. Bevor wir zur Innenstadt abbiegen, werfen wir einen Blick nach links auf das militärische Sperrgebiet Kranzfelder Hafen. Bis heute ist Eckernförde ein wichtiger Marinestützpunkt, mit Kampfschwimmerstaffel und U-Boot-Flotte. Zivil und entspannt ist es am Binnenhafen Eckernförde, in dem einige alte Fischerkutter liegen. Wir überqueren diesen über eine kleine Brücke (bitte absteigen und schieben) und landen am anderen Ufer auf dem 6 / Eckernförder Fischmarkt – wer am ersten Sonntag im Monat hier ankommt, hat es schwer durchzukommen, wenn alle Stände aufgebaut sind. Der Duft von frischer Pfeffermakrele aus dem warmen Räucherofen steigt in die Nase: sofort anhalten! Wir kommen am Samstag in Eckernförde an und uns trösten uns mit einem guten Fischbrötchen, dann in einem Café und in den kleinen Geschäften mit Kunsthandwerk, Souvenirs und Klamotten in den Straßen hinter dem Fischmarkt. Das 7 / Boutiquehotel Lüttes

DIE BRÜCKE ÜBER DAS MEER
ist ein hölzernes Kunstwerk am Eckernförder Südstrand. Es zeigt Richtung Osten und wo im Baltikum die Brücke ankommt, ist den Betrachtern überlassen.

▲ oben / Steilküste am Schwedeneck ➤ rechts / Muscheln und Strandgut

Loft (Gartenstraße 2, 24340 Eckernförde) liegt ideal auf halber Strecker dieser Tour – wir können bleiben. Die Weiterfahrt führt uns am Hauptstrand entlang. Wir blicken kurz zur Seite auf das Alte Leuchtfeuer Eckernförde, einer von insgesamt vier Leuchttürmen der Stadt – und eigentlich ein Haus, auf dessen Obergeschoss ein Leuchtraum angebaut wurde. Dann schließt sich der Südstrand an. Hinter Eckernförde geht es an einem Waldstück an der B76 entlang. Als Alternative zur Bundesstraße können wir (bei nassem Wetter nur mit passender Bereifung) auch dessen schöne, breiten Waldwege fahren. Am Ende des Waldes biegen wir nach links auf die Nebenstrecke in Richtung Noer und Schwedeneck ein (Details in der Tour Nr. 2).

Naturdenkmal: 600 Jahre alter Eichenbaum
Die 8 / Stiftseiche in Dänisch-Nienwohld und Schwedeneck ist eines der letzten Exemplare eines Urwaldes in dieser Region. Sie wachte einst über ein Armenstift und ist heute geschütztes Naturdenkmal. Konkreter: Der Baum ist über 600 Jahre alt, 18 Meter hoch und hat einen Umfang von achteinhalb Metern. In den Schwedenkriegen im 17. Jahrhundert soll er als Ausguck gedient haben. Wo wir gerade von Skandina-

BADESTOPP

Für einen Sprung in die Ostsee ist das Schwedeneck zwischen Eckernförde und Kiel bestens. In diesem Abschnitt finden wir Strände für jeden Geschmack: Steilküsten, feiner Sand, natürlicher Grund, Muscheln und Steine, FKK, Strandkörbe, Hundestrände oder solche mit Wassersportangeboten.

3/4

Eine Dreiviertelstunde dauert es etwa, bis ein Schiff die Schleusen in 10 / Kiel-Holtenau passiert hat und in den oder aus dem Nord-Ostsee-Kanal fahren kann.

viern reden: Der Name Schwedeneck entstand vermutlich im Großen Nordischen Krieg (1700–1721), als Dänen und Schweden um die Vormacht in Europa kämpften und zahlreiche schwedische Soldaten hier gefallen und begraben worden sein sollen. Zahlreiche Hünengräber oder Hünenbetten weisen schon auf eine viel frühere Besiedlung vor etwa 4.000 Jahren hin. 70 Kilometer haben wir bereits hinter uns, es fehlen noch etwa 20. Die führen uns durch die idyllischen Landschaften des Schwedenecks – und durch drei Kieler Stadtteile, von denen jedes eine Geschichte zu erzählen hat.

MARITIMES FLAIR AN DER KIELER FÖRDE

Kiels Segelzentrum

Die olympischen Segelspiele 1972 wurden in 9 / Olympiahafen Kiel-Schilksee von einer prachtvollen Windjammerparade eröffnet, standen dann aber unter dem Schatten der Attentate in München. Die Architektur rund um den großen Jachthafen, der auch heute noch Kiels seglerisches Zentrum aller Klassen ist, war damals modern und zweckgebunden. Heute empfinden die meisten den

Klotz aus Betonterrassen nicht mehr schön. Aber der Blick geht eh auf die Förde, die sich hier zur Ostsee hin öffnet. Schilksee ist speziell zur Kieler Woche, dem größten Segelereignis weltweit (jedes Jahr in der dritten Juni-Woche) „the place to be".

Von Fliegern, Seglern und großen Pötten

10 / Kiel-Holtenau ist das vielleicht authentischste und am besten erhaltene Quartier einer Stadt, die im zweiten Weltkrieg nahezu vollständig ausgebombt und vielerorts bis auf die Grundmauern niedergebrannt wurde. Dass ausgerechnet dieses Marineviertel weitgehend intakt geblieben ist, liegt vermutlich daran, dass der Nord-Ostsee-Kanal und seine für die Großschifffahrt geeigneten Schleusen auch für die Alliierten praktisch waren. Mit seiner alten Backstein-Architektur und den niedrigen Häusern scheint Holtenau wie in der Zeit stehen geblieben. Die Anlagen der Doppelschleuse, durch die Container- oder Kreuzfahrtriesen fahren, um in die meistbefahrene künstliche Wasserstraße der Welt zu gelangen, ziehen die Aufmerksamkeit auf sich und dominieren den Ort. Seinen Charme finden wir darum abseits. Wunderschön ist der 24 Meter hohe Leuchtturm Holtenau am Tiessenkai, der 1887 erbaut die Einfahrt zum Alten Eiderkanal (Vorgänger des

NORD-OSTSEE-KANAL

Der NOK, wie man ihn kurz nennt, verbindet Kiel mit der Elbe bei Brunsbüttel und ist eine der meistbefahrenen, künstlichen Wasserstraßen der Welt.

◄ links / Olympiahafen Kiel-Schilksee, the place to be für Segler
▲ oben / Der alte Leuchtturm in Kiel-Holtenau

KIEL.
SAILING.
CITY.

Kiel ist nicht nur Landeshauptstadt,
sondern auch weltbekannt als Segel-
stadt. Der maritime Sport ist darum
Bestandteil im Slogan der Stadt: Kiel.
Sailing. City. Sechs citynahe Jachthäfen an der Kieler Förde und zehn
weitere bis zur offenen Ostsee stehen
Profi- und Privatseglern
zur Verfügung.

NOK) markierte. Am Eingang befindet sich ein Relief mit zwei Meerjungfrauen: „Nordsee" und „Ostsee" geben sich die Hände. Innen sind in der achteckigen Dreikaiserhalle gut erhaltene Mosaiken zu bestaunen. Uns gefällt auch das Kanalpackhaus Holtenau, ein denkmalgeschütztes Lagerhaus, errichtet zwischen 1774 und 1784. Über den Kanal kommen wir am besten mit der Fähre.

Kiel: Seglerstadt mit Lebensqualität

Universität, Handball und Segelsport sind Garanten für eine junge, weltoffene Bevölkerung und sehr viel Lebensqualität in der Landeshauptsatdt. Wir erreichen von Norden durch das Viertel Wik kommend und direkt an der Kieler Förde entlang die Innenstadt und fahren bis an ihr Ende, bis zur neu gestalteten 11 / Kieler Hörn. Hier haben wir einen Blick auf die großen Pötte, die nach Skandinavien fahren, und auf ein paar alte Traditionssegler. Wer bleiben will, um die Landeshaupt- und Universitätsstadt mit einer Viertelmillion Einwohner kennenzulernen, ist im zeitgemäßen 12 / all and me Hotel gut aufgehoben, wenige Meter von Kieler Hörn, Germaniahafen, Zentrum und Schwedenkai entfernt. Hier können wir nach der Tour auch unseren Hunger stillen: Im Aloha Dogs gibt es Kreationen von Hot Dogs, Burger und Fritten in allen möglichen Farben und Formen, richtig toll (Mo–Sa, 18–22 Uhr). Damit endet unser Bikeaway. Um die Ecke ist übrigens gleich der Kieler Bahnhof, von dem aus wir quasi überall hinkommen. Aber warum so schnell wieder weg? Kiel bietet ein abwechslungsreiches Angebot an Bars, Restaurants und Geschäften, nicht nur in der City. Auch an der Kiellinie können wir uns sehr gut die Zeit vertreiben … Apropos: Ist nicht längst wieder Zeit für ein Fischbrötchen?

KIELER WOCHE
Das größte Segelereignis weltweit findet jedes Jahr in der dritten Juni-Woche in Kiel statt. Im 9 / Olympiahafen Kiel-Schilksee lassen sich gut Regatten verfolgen.

‹ links oben / Kieler Woche – alle sind auf dem Wasser!
‹ links Mitte / Segelschulschiff Gorch Fock in ihrem Heimathafen

TOUR 20

START
Kappeln

ZIEL
Kieler Hörn; all and me Hotel Kiel

HINKOMMEN

Auto / Parkplatz an der Wiker Straße, Eckernförder Str. 5, 24376 Kappeln **ÖPNV /** Busverbindungen zum Kappeln (Schlei) ZOB ab den nächstgrößeren Orten (Bhfe. in Eckernförde, Schleswig, Flensburg)

▶ **1** / Kappeln ▶ **2** / Dorphof ▶ **3** / Gut Damp ▶ **4** / Ostseebad Damp ▶ **5** / Waabs ▶ **6** / Eckernförder Fischmarkt ▶ **7** / Boutiquehotel Lüttes Loft ▶ **8** / Stiftseiche in Dänisch-Nienwohld und Schwedeneck ▶ **9** / Olympiahafen Kiel-Schilksee ▶ **10** / Kiel-Holtenau ▶ **11** / Kieler Hörn ▶ **12** / all and me Hotel Kiel

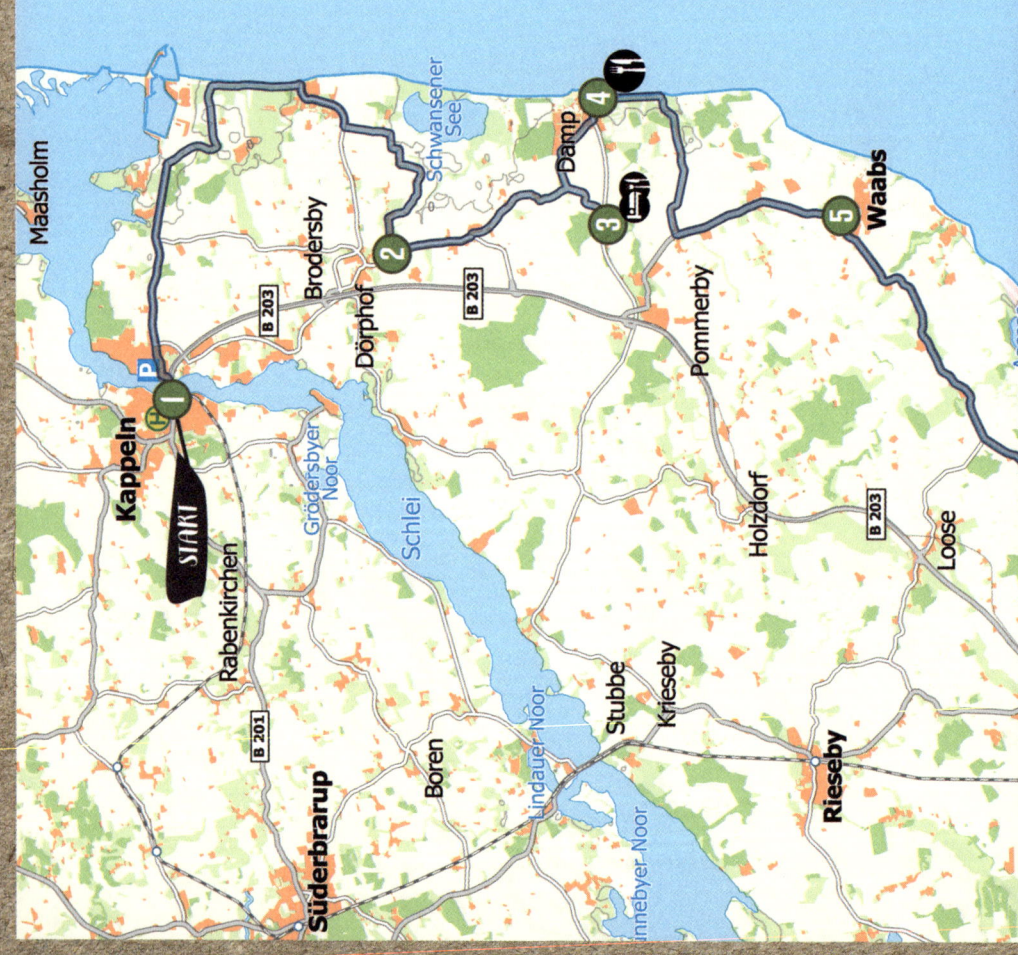

Ach, kein Ostsee-Stopp? Stört mich nicht, denn die Holsteinischen Seen entschädigen für alles. Für mich eine superschöne Tour, auch ohne Meer.

➤ **1 /** Start und Übernachtung auf der 8er-Schleife in der Altstadt von Plön

➤ **2 /** Aber erst lassen wir uns verführen: Frühstück im Dat Waffelhuus

➤ **3 /** Schloss Plön, Prachtbau und Sitz der Hohenzollern

➤ **4 /** Lake House Plön: schönes Domizil am Edebergsee

➤ **5 /** Im Dorf Galerie & Biergarten Bosau im beschaulichen See-Ambiente

➤ **6 /** Waldidyll an der Tensfelder Au

➤ **7 /** Ascheberg: Räucherfisch und ein schönes Landgut

➤ **8 /** Relaxen und Speisen am Lieblingsplatz der Kaiserin: Prinzeninsel

➤ **9 /** Bei Tante Emma im Holsteiner Hofladen in Lebrade

➤ **10 /** Vögel beobachten am Naturschutzgebiet Lebrader Teich

➤ **11 /** Geheimtipp Kellersee: Surfen, Segeln, Reiten, Wandern und mehr

➤ **12 /** Ponys und andere Erinnerungen an die Kindheit im Hotel Gut Immenhof

➤ **13 /** Der sauberste See von allen: Suhrer See

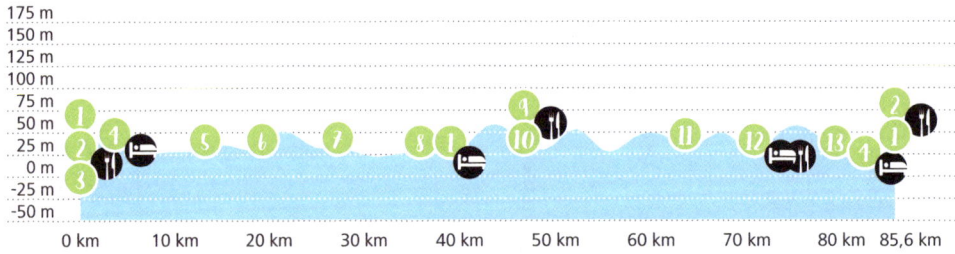

21

IMMER WIEDER SEEBLICK

Zu Schlössern und Seen in der Holsteinischen Schweiz

Holsteinische Schweiz. Der Begriff hat sich festgesetzt und so kommen bei dieser Tour durch die traumhafte Hügel- und Seenlandschaft Ostholsteins wirklich ein paar Höhenmeter zusammen. Das lässt den alpinen Radler vermutlich trotzdem nur milde lächeln (und die halbe Tour bei Lütjenburg und die Tour 18 zum Bungsberg ergänzen). Dem Flachlandtiroler reicht dieses Bikeaway für ein Wochenende dicke. Richtiger hieße es sowieso: Holsteinische Seenplatte. Und platt ist immer gut.

Tag **1** + Tag **2**
38 + **48** Kilometer
160 + **210** Höhenmeter ▲
160 + **210** Höhenmeter ▼
2:30 + **3:15** Stunden
Rundtour

Start mitten in Plön

Wir starten in der beschaulichen 1 / Altstadt von Plön (Parkplätze in der Stadtgrabenstraße). Zunächst ein kleiner Rundgang durch die Altstadt gefällig? Die ist sehr sehenswert mit ihren schmalen Gassen, Straßen mit Kopfsteinpflaster, versteckten Hinterhöfen sowie alten Fachwerk- und Back-

CHARAKTER
Sportlich ●●●●●
Abkühlung ●●●●●
Schlemmen ●●●○○
Panorama ●●●●○

TOUR, DIE DU SO NIE GEMACHT HÄTTEST

TOURENINFO / Die Tour ist perfekt für ein E-Bike, das jede kleinere Steigung und jeden Untergrund bewältigt. In Plön ist die Straßenführung manchmal etwas verworren – im Zweifel einfach am See orientieren.

‹ links / Ein Traum: die Holsteiner Seenplatte rund um die Stadt Plön

TOUR, DIE DU SO NIE GEMACHT HÄTTEST

steinhäusern. Für die Stärkung zu Beginn der Tour entscheiden wir uns für 2 / Dat Waffelhuus (Lange Str. 42, 24306 Plön, Di–Sa 11–17 Uhr, So 12–17 Uhr) mit einer großen und außergewöhnlichen Auswahl an Waffeln. Bei gutem Wetter stehen auch Tische draußen in der Fußgängerzone. Dann steigen wir aufs Rad und fahren auf der Hamburger Straße an der Kirche vorbei und nach links die Anhöhe Schlossberg hinauf – denn natürlich muss auch das strahlend weiße 3 / Schloss Plön oberhalb der Stadt und des Sees bestaunt werden – eines der größten Schlösser Schleswig-Holsteins. Nach der adligen Zeit als Internat und Kadettenschule genutzt, kann es heute besichtigt werden (Dauer ca. 1 Stunde). Highlight im Inneren sind ein prunkvoller Rittersaal und eine kleine Kapelle mit ihren Wandmalereien. Wir fahren hinunter in die Altstadt und zum Bahnhof, unterqueren die Gleise und richten uns auf der Eutiner Straße nach Süden – einmal rund um den Plöner See. Direkt an der Strecke befindet sich an der Badestelle mit dem 4 / Lake House Plön (Fegetasche 1, 24306 Plön), ein kleines Hotel, in dem wir heute übernachten werden.

15 APFELSORTEN
finden sich im Alten Apfelgarten mit über 100 Bäumen am Wanderpfad zur 8 / Prinzeninsel.

Seen und Schafe, Auen und Wälder

Wir biegen rechts in den Augstfelder Weg, fahren etwa fünf Kilometer durch Bäume und Felder, vorbei am Vierersee und Bischofssee in Richtung Bosau. Der Ort ist insgesamt sehr hübsch, wir fahren ein bisschen herum und erfahren von Einheimischen, dass Bosau den kleinsten Bischofsdom der Welt haben soll. Uns wird auch ein Besuch der Kate des Märchenerzählers im Nachbardorf Braak empfohlen. Wir beschließen, uns noch ein bisschen hier aufzuhalten und sind fast überfordert, denn mehrere Cafés, Restaurants und Biergärten stehen einladend da, eines schöner als das andere. In einer alten Bauernkate finden wir die 5 / Im Dorf Galerie & Bier-

---

➤ rechts oben / Herrschaftssitz Schloss Plön, direkt am Großen Plöner See ➤ rechts Mitte / Backsteinkirche eingangs der Altstadt von Plön

5 Seen gehören zur beliebten Fünf-Seen-Fahrt auf den kleineren Gewässern nordöstlich von Plön: Dieksee, Langensee, Behlersee, Höftsee und Edebergsee. Dazu noch die Große-Plöner-See-Rundfahrt – erst wenn wir alles von der Seeseite aus gesehen haben, ist der Ausflug in die Holsteinische Schweiz perfekt!

TOUR, DIE DU SO NIE GEMACHT HÄTTEST

garten Bosau, wo Bier, Wein und Kaffee serviert sowie Kunst und antike Uhren gezeigt werden (Sa + So, 12:30 – 19 Uhr und gemäß Aushang). Bei der Weiterfahrt strömt aus einem Fachwerkbau mit Reetdach Backduft: In der Dunck'schen Kate aus dem 17. Jh. mit idyllischem Bauerngarten und historischem Backhaus wird täglich frisches Brot gebacken. Eine kleine Badestelle lädt bei gutem Wetter ein, in den See zu springen. Ein Stück weiter blöken uns ein paar zutrauliche Schafe an. Neugierig kommen sie an den Zaun und wir beschäftigen uns gern mit ihnen (aber bitte nicht füttern). Wir fahren weiter Richtung Dersau / Bredenbek und halten uns immer nah am See. Die Strecke in Richtung Nehmten führt durch ein wunderschönes, idyllisches Waldstück. Wir überqueren die 6 / Tensfelder Au, einen der vielen kleinen Zuflüsse der Holsteinischen Seenplatte. Immer wieder schenkt uns die Strecke Seeblicke – und einmal sehen wir ein Reh, das verträumt am Schilfrand steht und sich von uns erst stören lässt, als wir das Handy zücken, um ein Foto zu machen. Selfie? Nein, Danke. Ach, es hat ja recht. Zu schön hier, um sich mit so etwas profanem wie Fotos für Instagram aufzuhalten.

Räucherfisch und ein Landgut

Wir erreichen Dersau. Nach dem Campingplatz könnten wir (mit passender Bereifung) zur Anlegestelle hinunter und dann auf dem Radweg durch ein Waldstück weiterfahren. Ansonsten bleiben wir, wo wir sind, biegen auf die Bundesstraße 430 nach rechts auf den Radweg und erreichen dann 7 / Ascheberg. Hier merken wir uns das Gut Waldshagen, wo wir anderentags in der Fischerei und Räucherei Lasner einkaufen.

Lieblingsplatz der Kaiserin und ihrer Prinzensöhne

Wieder in Plön, sind wir nun einmal um den Großen Plöner See gefahren und haben uns eine Pause verdient. Die verbringen wir auf der autofreien 8 / Prinzeninsel. Die Halbinsel war schon Lieblingsort der letzten deutschen Kaiserin Auguste Victoria von Schleswig-Holstein-Sonderburg-Augustenburg – umständlicher Name, aber so ist das halt bei den Hochwohlgeborenen. Sie saß gern im Pavillon mit einem traumhaften Blick über den See und auf das Plöner Schloss. Ihre Söhne, die sie mit Kaiser Wilhelm dem Zweiten hatte, erhielten ihre Kadettenausbildung in Plön und wurden auf der Halbinsel in Land- und Forstwirtschaft unterrichtet. Daher rührt der Name Prinzeninsel. Wir genießen

200

kleine und große Seen gehören zur Holsteinischen Seenplatte. Das gut ausgebaute Rad- und Wanderwegenetz erlaubt auch, hier und da vom Weg abzuweichen. Verbunden durch den Fluss Schwentine können alle Seen auch im Rahmen einer Kanuwanderung erkundet werden.

◄ links / Auch schwarze Schafe genießen die Ruhe bei Bosau
▲ oben / Idyllischer Wald an der Tensfelder Au

die Landschaft aus Koppeln, Wald, Sumpf und natürlich See im Restaurant Prinzeninsel (Mi–Sa, 12–17 Uhr, So 10–17 Uhr; www. prinzeninsel.de) und verstehen nur zu gut, was die gute Auguste Victoria hier so faszinierte.

Lebrade, die unbekannte Perle

BOSAU

In der Dunck'schen Kate aus dem 17. Jh. mit idyllischem Bauerngarten und historischem Backhaus wird täglich frisches Brot gebacken.

Am nächsten Tag fahren wir auf der Landstraße in Richtung Lütjenburg (B430) aus Plön hinaus, am Schöhsee vorbei und biegen dann nach links in Richtung Ratjensdorf ab. Der kleine Plußsee, den wir erspähen, ist fast kreisrund mit etwa 400 Metern Durchmesser, ohne Zu- und Abflüsse. Aber offensichtlich bei Tieren beliebt: Sogar einige Seeadler suchen sich ihn immer wieder zum Brüten aus. In Lebrade machen wir einen kleinen Abstecher hinauf zum 10 / Naturschutzgebiet Lebrader Teich mit Bruchwäldern, Sumpf- und Moorgebieten. Der See ist von großer Bedeutung für den Schutz ziehender Wasservögel, die wir hier in

---

⌃ oben / Am Naturschutzgebiet Lebrader Teich ➤ rechts / Reetdachkate in der Holsteinischen Schweiz

aller Ruhe von wenigen Aussichtspunkten beobachten können (die nicht ausgeschildert sind, trotzdem Feldstecher nicht vergessen!). Die Seen im Naturschutzgebiet Lebrader Teich wurden ursprünglich, im 17. Jahrhundert, künstlich als Fischteiche angelegt. Heute sind sie nur noch für die wild lebenden Tiere und Vögel da. Darum ist auch gut, dass es kaum Zugänge für den Menschen gibt. Wir müssen da auch gar nicht stören. Denn uns umtreibt im hübschen Lebrade vielmehr ein kleines, aber ausgeprägtes Hungergefühl. Gut, dass wir an der Hauptkreuzung den 9 / Holsteiner Hofladen finden. Er erinnert uns an die Tante-Emma-Läden aus der Kindheit. Hier gibt es etwas für Zwischendurch, zum Beispiel belegte Brötchen, hofeigene Fleischprodukte sowie Süßes, Liköre, Selbstgemachtes ... aber auch Tierfutter und Alltagsbedarf. Der Laden ist eine wahre Fundgrube und wir könnten ewig hier stöbern. Der winzige Ort ist eine echte Perle, hat auch noch eine schöne Backsteinkirche und eine etwas verwitterte Reetdachkate verstärkt den Eindruck von „Damals". Dann geht es durch hügeliges Gebiet und durch Grebin. Wir queren wieder die B430 und fahren nach Bad Malente-Gremsmühlen (im Volksmund nur kurz Malente genannt) am schönen 11 / Kellersee gelegen. Wir sehen einen

TOUR,
DIE DU SO
NIE GEMACHT
HÄTTEST

800.000

Bienen fliegen am schönen 11 / Kellersee: Die Malenter Imkerei Drei Eichen bietet Honig von Malenter Bienenstöcken. Natürlich gibt es Rapshonig, aber es gibt auch Schwärme, die auf den üppigen Wildblütenwiesen, zu Lindenblüten oder durch die exotische Vielfalt des Kurparks fliegen und Nektar sammeln.

ZURÜCK ZUR NATUR

10 / Naturschutzgebiet

Die Seen im Lebrader Teich wurden im 17. Jh. künstlich als Fischteiche angelegt. Heute gehören sie ausschließlich den Wildvögeln und -tieren.

TOUR, DIE DU SO NIE GEMACHT HÄTTEST

Surfer, der gerade in den See einsteigt. Ein echter Geheimtipp, denn nicht jeder weiß, dass hier auf rund 50 Hektar Wasserfläche (fast) immer ein schöner Wind weht. Gleiches gilt übrigens für den Großen Plöner See. Hier finden auch kleinere Segelregatten statt. An schönen Tagen laden mehrere Badestellen (z. B. in Fissau) im Sommer zu einem erfrischenden Stopp ein. Einen wichtigen Beitrag zum Erhalt der Artenvielfalt leistet die Imkerei Drei Eichen im Norden des Kellersees. Sechs Bienenvölker fliegen durch die Region und finden intakte Natur, um guten Honig zu produzieren. Unten am See finden wir außerdem die Mündung der Malenter Au. Ein Naturschutzprojekt mit Wildblumen-, Streuobst- und Teichwiesen, Wasservögeln und verschiedenen Teichen, in denen Amphibien leben, trägt ebenfalls seinen Teil dazu bei, die Biodiversität am Kellersee zu schützen und zu erhalten. Die Natur wurde in den Zustand von 1790 zurückgebaut. So haben viele Tiere und Insekten wieder ein Zuhause – oder wachsen in der Idylle des Sees auf und finden dort eine langfristige, ungestörte Lebensgrundlage.

Ein Stück Kindheit im Immenhof

Dicki und Dalli, Oma Jantzen und Dr. Pudlich – und jede Menge Ponys! So einige Radler dürften sich an die Heimat- und Pferdefilme wie „Die Mädels vom Immenhof" und „Ferien auf Immenhof" aus den Fünfzigerjahren erinnern. Seit 2021 ist der alte Gutshof, der eigentlich Gut Rothensande heißt, durch Renovierung und sorgfältigen Umbau wieder zum Leben erweckt worden. Entstanden ist 2021 das stilvolle Hotel 12 / Gut Immenhof – natürlich auch, aber nicht nur für Reiter. Der geklinkerte Gutshof ist sehr gepflegt. Rund um den inneren Platz hat man ihn in freundlichem Gelb gestrichen. Das stattliche Herrenhaus steht weiß strahlend da – so wie wir es aus den Filmen kennen. Die Zimmer mit Seeblick sind sicher fantastisch. Und wenn wir es genau überlegen: Diese Tour ließe sich bestens auch von hier aus starten: Fahrräder (sowohl Mountainbikes als auch E-Bikes) werden gern vermietet. Vielmehr aber wäre ein Ausritt rund um den Kellersee Pflichtprogramm – in Erinnerung der guten alten Zeiten. Für heute begnügen wir uns mit den schönen Dingen aus dem Hofladen – wie dem Fläschchen „Oma Jantzen's Eierlikör" und einem Glas Apfelkompott. Heimat pur. In leicht nostalgischer Stimmung fahren wir weiter – erst nach Malente, dann

99

Meter lang ist das Torhaus des Guts Rixdorf bei Lebrade – Sitz des Ritters von Riclikesdorp. Erbaut 1424, befinden sich einige denkmalgeschützten Reetdachbauten auf dem Gut fast im Originalzustand. Das Gut ist in Privatbesitz und wird landwirtschaftlich genutzt.

◄ links / Kindheitserinnerungen im Gut Immenhof ▲ oben / Das prächtige Herrenhaus, hinter der Gutsanlage liegt verborgen der Kellersee

ferien
AUF
IMMENHOF

Regie: HERMANN LEITNER

Drehbuch: Per Schwenzen · Hermann Leitner
Kamera: Fritz Arno Wagner · Musik: Hans Martin Majewski
Produktionsleitung: Gerhard Frank
Herstellungsleitung CAROLA BORNEE

DAS GIBT'S
JA WIRKLICH!

Bekannt aus den alten Heimatfilmen
ist das 12 / Gut Immenhof bei vielen
mit schönen Erinnerungen verbunden: an Oma Jantzen, Dr. Pudlich,
Dick und Dalli und die Ponys. Heute
ist das Gut ein stilvolles Landhotel,
das z. B. Ausritte am Kellersee an-
bietet und E-Bikes und Mountainbikes
vermietet.

biegen wir Richtung Kiel/Plön ab. Nach gut fünf Kilometern geht es rechts ab nach Ober- und Niederkleveez.

Der sauberste See in Schleswig-Holstein

Wir erreichen den 13 / Suhrer See und umfahren ihn nördlich. Der in der letzten Eiszeit entstandene See gilt als der sauberste See in Schleswig-Holstein und ist als besonderes Schutzgebiet klassifiziert. Er befindet sich in Privatbesitz einer Fischfirma, die ihn der Universität Hamburg für Forschungen zum Erhalt einer gesunden Umwelt zur Verfügung gestellt hat. Der Suhrer See ist ein Naturschutzgebiet der besonderen Art. Er dient besonders ruhebedürftigen und sensiblen Tieren als Rast- und Rückzugsgebiet. Einige Entenarten, die man anderswo kaum noch findet, leben hier ungestört, wie Reiherente, Tafelente, Schellente und Kolbenente – die sich auch freuen, dass auf diesem See keine Boote fahren dürfen. Auch im Wald kann sich das Leben natürlich entwickeln: Ein Hangbuchenwald ist nun Naturwald und aus der forstwirtschaftlichen Nutzung genommen worden. Auch die Waldflächen auf einem ehemaligen Truppenübungsplatz werden unter fachkundiger Aufsicht zu natürlichen Waldgesellschaften entwickelt. Selbst unter Wasser finden wir im Suhrer See eine reichhaltige Artenvielfalt – wie Unterwasserwiesen, die für Sauerstoff bis in fünf Meter Tiefe sorgen. Hier überlebt auch das Große Nixenkraut, das in Schleswig-Holstein nur noch selten vorkommt. Über die Siedlung Sandkaten geht es zurück nach 1 / Plön, wo wir noch einen letzten Blick auf den Großen Plöner See werfen und uns von der Holsteinischen Schweiz verabschieden. Oder sollen wir lieber noch ein bisschen bleiben? Wir erinnern uns an einige Orte, an denen wir gern länger geblieben wären. Und den See von der Wasserseite zu erleben, ist auch eine tolle Idee!

AUF DIE SEEN, FERTIG, LOS!
Sehr zu empfehlen ist eine Bootstour über den Großen Plöner See oder die 5-Seen-Tour

TOUR, DIE DU SO NIE GEMACHT HÄTTEST

‹ **links oben / Mit dem Fahrrad um den Großen Plöner See**
‹ **links Mitte / Filmplakat**

UMWEG MIT MUSSE

Hügelige Tour zum **Selenter See** *und*
Gut Panker, *bis* **Lütjenburg** *und* **Malente**

Diese halbe Tour ist ein ganz wunderbarer Umweg und das
Bikeaway wird so zu einer inspirierenden Mehrtagestour.

44 Kilometer
360 Höhenmeter ▲
355 Höhenmeter ▼
2:45 Stunden
Streckentour

Neustart in Lebrade

Vom 10 / Naturschutzgebiet Lebrader Teich geht es weiter nach
Norden durch liebliche Hügellandschaften. Hinter Mucheln biegen
wir nach Bellin ab, das am 14 / Selenter See liegt. Beim Fischhändler
stärken wir uns mit einem geräucherten Fischfilet. Den See lassen
wir links liegen und fahren an der Landstraße Richtung Osten. An
der Kreuzung biegen wir nach Giekau ab, gleich weiter nach Em-
kendorf, biegen dort nach rechts Richtung Panker und Darry ab.

Es geht aufwärts

Der im Waldstück auf dem Pilsberg (128 m) stehende, mehreckige
15 / Aussichtsturm Hessenstein von 1841 bietet einen weiten Blick
über die Region bis zur Ostsee. Das Forsthaus Hessenstein ist für
seine gute Küche bekannt (reservieren, Di–So, 17:30–21 Uhr). Wir
kehren zurück zur Landstraße, fahren ein Stück und biegen dann
links in den Ruheforst mit hohen alten Bäumen ein. An dessen
Ende liegt Gut Panker.

Kein Gut wie jedes andere

16 / Gut Panker ist über 500 Jahre alt, die langen Linden- und
Kastanienalleen sowie der Englische Garten stammen aus dem 18.
Jahrhundert. Einzigartig ist das geschlossene, historische Bild von
Gut Panker mit Schloss, Schlosskapelle, Torhaus, altem Marstall,
Remise und vielen Wirtschafts- und Wohngebäuden. Der gepfleg-
te Charakter wird durch Galerien, schöne Läden und eine berühm-
te Trakehnerzucht bereichert. Das Restaurant und Hotel Ole Liese
(Panker 1007, 24321 Panker, Mi–Fr ab 15 Uhr, Sa–So ab 12 Uhr;
warme Küche ab 18 Uhr) ist perfekt für eine Auszeit. Nachmittags
gibt es großartigen, hausgemachten Kuchen.

Eine mittelalterliche Burg

Wir fahren nach Darry. Was britisch klingt, erinnert uns wirklich an die weich geschwungenen Hügellandschaften in Englands Grafschaften. Hier ist es zu jeder Jahreszeit spektakulär – im gelben Frühling zur Rapsblüte, im satten Sommergrün, im golden-bunten Herbst oder im weißen Wintertraum. Vor Lütjenburg erreichen wir die 17 / Turmhügelburg Lütjenburg. Nach Vorlage anderer Burgen um 1100 wurde ein Burgturm auf einer Motte (Burghügel) mit Burggraben, Palisaden und Häuser einer Vorburg, z. B. dem Wohnhaus des Ritters, rekonstruiert. Das Gelände kann auf eigene Faust betreten werden (Spende 2 Euro; Führungen/Aktionstage Mai–September) und ist dank Infotafeln fast selbsterklärend (Infos: www.turmhuegelburg.de). Etwa einen Kilometer hinter der Burg gelegen, erklärt das Eiszeitmuseum die letzte Eiszeit. Seither wissen wir: Wann immer wir riesige Findlinge in Schleswig-Holstein sehen, können wir fast sicher sein: Die hat die Eiszeit hergeschleppt – und zwar direkt aus Skandinavien. Übrigens: Ist mindestens einer der Pole mit Eis bedeckt, spricht man von einer Eiszeit; sind beide Pole eisfrei, von einer Warmzeit. Wir Menschen leben also (noch) im Eiszeitalter, erleben aber Klimawandel live und vielleicht die nächste Warmzeit. Mit vielen neuen Eindrücken fahren wir weiter nach Malente und setzen dort die Tour 21 fort.

TOURENINFO / Außer in den kleinen Waldstücken am Hessenstein und Ruheforst fahren wir nur auf Radwegen und Landstraßen. Auf Gut Panker empfiehlt sich, einen leeren Rucksack für verschiedene Einkäufe dabei zu haben.

^ oben / Turmhügelburg Lütjenburg

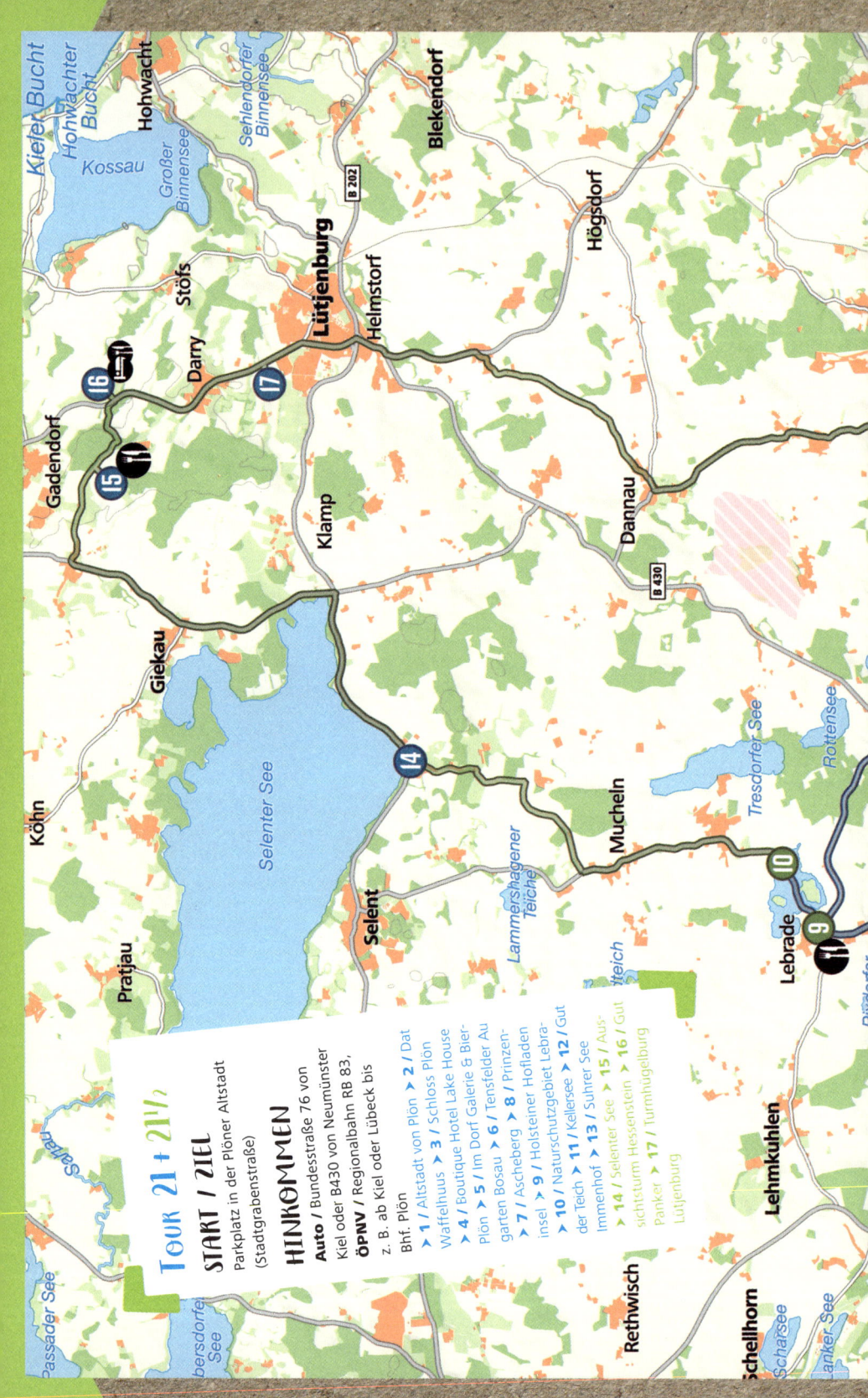

Kieler Bucht

Hohwachter Bucht

Sehlendorfer Binnensee

Hohwacht

Blekendorf

Kossau

Großer Binnensee

B 202

Högsdorf

Stöfs

Darry

Lütjenburg

Helmstorf

Gadendorf

16

15

17

Klamp

Dannau

B 430

Giekau

Köhn

Selenter See

14

Mucheln

Tresdorfer See

Rottensee

Pratjau

Lammershagener Teiche

Selent

10

Lebrade

9

Passader See

Rethwisch

Lehmkuhlen

Scharsee

Lanker See

Schellhorn

TOUR 21 + 21½

START / ZIEL

Parkplatz in der Plöner Altstadt (Stadtgrabenstraße)

HINKOMMEN

Auto / Bundesstraße 76 von Kiel oder B430 von Neumünster

ÖPNV / Regionalbahn RB 83, z. B. ab Kiel oder Lübeck bis Bhf. Plön

➤ **1** / Altstadt von Plön ➤ **2** / Dat Waffelhuus ➤ **3** / Schloss Plön ➤ **4** / Boutique Hotel Lake House Plön ➤ **5** / Im Dorf Galerie & Biergarten Bosau ➤ **6** / Tensfelder Au ➤ **7** / Ascheberg ➤ **8** / Prinzeninsel ➤ **9** / Holsteiner Hofladen ➤ **10** / Naturschutzgebiet Lebrader Teich ➤ **11** / Kellersee ➤ **12** / Gut Immenhof ➤ **13** / Suhrer See ➤ **14** / Selenter See ➤ **15** / Aussichtsturm Hessenstein ➤ **16** / Gut Panker ➤ **17** / Turmhügelburg Lütjenburg

VON KÜSTE ZU KÜSTE

Der große Wikinger-Friesen-Weg (Tour 19) führt von der Ostsee an die Nordsee – ganz landestypisch natürlich mit Schafen!

AUFGESATTELT!

OSTSEEKÜSTEN-
UND RADBASICS

RADVERGNÜGEN

An der Ostseeküste
Schleswig-Holsteins

Schleswig-Holstein ist radfahrerfreundlich. Der breite, befestigte Streifen, der fast jede Bundes- und Landstraße in Schleswig-Holstein flankiert, ist Gold wert. Weiß-grüne Wegweiser markieren überall Radwege und den nächsten Ort. Und die verkehrsarmen, schmalen Neben-straßen und die langen Deich- und Uferwege sind sowie-so ein Träumchen.

KLEINE SCHWIERIGKEITEN EINGEBAUT

Aber es wäre ja langweilig, wenn alles perfekt wäre. Die Ufer-promenaden der Badeorte und manche Küstenwege teilen sich Fußgänger und Radfahrer. Auf engeren Pfaden einfach absteigen und mit Kopfnicken und Lächeln den Vortritt lassen. Von hinten kommend, klingeln und langsamer fahren. Was, eine Baumwurzel sorgt für Fehler im Geläuf? In einem Waldabschnitt wird plötzlich aus festem Untergrund ein sandiger, matschiger oder grasgrüner? Da liegen Pferdeäpfel oder Treckerdreck auf dem Weg? Das gehört dazu: Kleine Fehler erhalten die Freundschaft. Ein robustes Rad ist darum immer zu bevorzugen. Bei Autobahnen und Bundestraßen haben die Planer (meistens) daran gedacht, auch Radfahrer durchs Asphaltgewirr zu führen. Sieht es trotzdem beängstigend aus, hilft, mit norddeutscher Gelassenheit weiterzufahren: Nützt nix. Wat mutt, dat mutt.

PLATT WIE EINE FLUNDER

Wenn die Schleswig-Holsteiner von ihrem „Berg" erzählen und stolz sagen, dass er 168 Meter hoch ist, sagt das eigentlich

ALLES RUND UMS FAHRRAD-FAHREN AN DER OSTSEEKÜSTE: WIE DIE FAHRRADKULTUR IST UND WAS DICH ERWARTET

schon alles. Mehr ist im platten Land nicht zu wollen. Für alle Touren ist eine Durchschnittsgeschwindigkeit von 15 km/h angesetzt – das ist sehr realistisch und normal konditionierte Freizeitradler schaffen die Touren locker. Für sportliche Radfahrer sind die weiten Wege durchs Binnenland perfekt: Der Mix aus leicht ansteigenden Hügeln, langen Geraden und sanften Abfahrten schafft Strecke und sorgt für ein schnelles Vorwärtskommen, schont die Muskeln und stärkt das Herz. Für ausgesprochene Genuss-Radfahrer ist ein E-Bike eine gute Idee. Denn die Hügel im Binnenland wollen durchaus ernst genommen werden. Wer sie anfangs zu schnittig fährt und unterschätzt, könnte die verbleibenden Kilometer durch die ewigen Felder oder im Gegenwind auf dem Uferweg mühsam finden. Womit wir beim nächsten Thema sind.

DAS NORDDEUTSCHE SCHIETWETTER

Allein der Wind gehört zur offenen See dazu (auch wenn die Ostsee von den Friesen belächelt wird, ein ruhiges Binnenmeer zu sein). Doch sie kann, wenn sie will. Auf Kaps, Anhöhen, Steilküsten und an Meerengen zieht es dann richtig. Gesellt sich Regen dazu, egal ob nieselig oder ausufernd, wird's immer ungemütlich. Bei östlichen Winden mit Böen, die ungebremst aus arktischen Gefilden kommen, ist die volle Montur aus mehrlagigen Funktionsklamotten, wind- und wasserfester Jacke und Hose, Mütze, Handschuhe wichtig.

NATURSCHUTZ UND KÜSTENSCHUTZ

So gern wir es manchmal würden: Einige Küstenabschnitte dürfen wir nicht befahren und viele (wie z. B. Küstendünen) zum Schutz der dort lebenden Tiere, aber auch der Küste selbst, nicht betreten. Um die Tiere in den Naturschutzgebieten zu beobachten, sind Fernglas oder Teleobjektiv von Vorteil. Daher lohnt sich, auch die Tagesrandzeiten ins Auge zu fassen, da viele Vögel dann etwas lebhafter sind und die Futtersuche im Gang ist.

INFRASTRUKTUR: VERLEIH BIS LADESTATIONEN

Während sich in den Städten und in fast jedem Ostsee-Ferienort mehrere Fahrradverleihe und auch Ladestationen fürs E-Bike finden, ist Letzteres unterwegs etwas herausfordernder. Auf dem Deich, an Steilküsten oder in weitläufigen Naturschutzgebieten sind Stromstationen naturgemäß seltener. Also einfach immer vor der Tour voll aufladen: Die Reichweite ist ja dank der bergarmen Landschaft grundsätzlich etwas weiter, sodass eine Ladung dich gut durch den Tag bringen sollte. Ladestationen findest du am besten via App und Online-Karten, z. B. de.chargemap.com/map.

REGIONALE SPEZIALITÄTEN

Beim Besuch der landwirtschaftlichen Höfe und Güter entdecken wir schleswig-holsteinische Landeskultur in heimeligen Hofläden, in Hütten zur ehrlichen Selbstbedienung oder in Automaten direkt neben der Hühnerweide. Marmeladen, Pasten, Honig, Eier, Brot, Bio-Fleisch, frisches Obst und Gemüse. Wer nachhaltig einkaufen mag, nimmt einen Tagesrucksack mit.

FACTS OSTSEEKÜSTE SCHLESWIG-HOLSTEIN

112.500 KM²
Wasseroberfläche hat die Ostsee insgesamt – und ist damit größer als ganz Deutschland.

24
NABU-Schutzgebiete liegen an der Ostsee in Schleswig-Holstein.

450 KM
sind es etwa entlang der Küste von Flensburg nach Lübeck.

90.000 HA
Feldfläche wird jährlich mit Raps bepflanzt, dem gelb leuchtenden „Gold des Nordens".

WERNER
Die Geschichten der Comic-Figur spielen in der Region Angeln, zwischen Flensburg und Schleswig. Sein Erfinder Brösel stammt aus Travemünde.

459 M
ist der tiefste Punkt der Ostsee im Westlichen Gotland-Becken bei Schweden.

150
Eulen aus 47 Arten: Der Vogelpark Niendorf bei Sierksdorf hat die größte lebende Eulensammlung der Welt.

300
Weniger als 300 Einwohner und nur 0,45 km² Fläche machen Arnis an der Schlei zur kleinsten Stadt Deutschlands.

1
Die schleswig-holsteinische Ostseeküste hat nur eine einzige Insel: Fehmarn.

1,8 %
ist der durchschnittliche Salzgehalt der Ostsee – die Nordsee hat fast doppelt so viel.

RAUSZEIT-HIGHLIGHTS

FÜR KINDER

Landwirtschaft zum Mitmachen
Auf dem 5 / Museumshof Lemsahn bei Kellenhusen erleben Kinder zum Beispiel, wie früher mit Pferden gepflügt wurde.
Tour 15 // Seite 139

Spiel und Spaß bei Karl
In 7 / Karls Erlebnisdorf sorgen z. B. eine Kartbahn, ein Streichelzoo, ein Pferd hinter der Theke oder Bauten aus Kürbissen für Kurzweil.
Tour 17 // Seite 159

Naturerlebnispfad
Damit die Kleinen früh lernen, die Natur zu verstehen, um sie schützen zu können, ist der 5 / Naturerlebnispfad bei Großenbrode eine gute Möglichkeit.
Tour 6 // Seite 52

Zu den Wikingern!
Die nachgebauten Häuser der 4 / Wikingerstadt Haithabu und die Vorführungen, wie man z. B. Runenstäbe schnitzt, sind für Kids superspannend!
Tour 11 // Seite 96

FÜR E-BIKER

Auf den höchsten Berg
Damit der Akku mal was zu tun hat: rauf auf den 7 / Bungsberg! Mit 168 Metern die höchste Erhebung Schleswig-Holsteins.
Tour 18 // Seite 164

Holsteinische Seenplatte
Die traumhaften Hügel- und Seenlandschaft Ostholsteins sorgen für einige Höhenmeter und Streckenkilometer – beginnend in der schönen 1 / Altstadt von Plön.
Tour 21 // Seite 206

Zu den Wikingern
Diese Tour ist vollgepackt mit Weltkultur – wie an der 4 / Wikingerstadt Haithabu und dem 9 / Danewerk und Danewerksmuseum. Mit dem E-Bike legen wir die Strecken schnell zurück.
Tour 11 // Seite 94

Im Ostseewind
Auf Fehmarn weht dank der exponierten Lage immer viel Wind, wie am 7 / Leuchtturm Flügge. Der kommt – Naturgesetz beim Radfahren – immer von vorn. Ein E-Bike ist Gold wert.
Tour 14 // Seite 124

Top für jede Lust und Laune:
Kleine und große Abenteuer,
die besten Einkehrtipps und
entspanntesten Pausenplätze

FÜR SCHLEMMER

Direkt an der Düne
In der unkomplizierten 1 / Fischbar am Sehlendorfer Strand werden zeitgemäße Gerichte wie Fischsuppe, Fischburger oder Bowls mit Pulled Lachs gezaubert.
Tour 1 // Seite 32

An der Steilküste
Das 9 / Café Hermannshöhe liegt am höchsten Punkt des Brodtener Ufers, mit deftiger Holsteiner Küche, hausgemachten Torten und einem genialen Ostseeblick.
Tour 17 // Seite 154

Traditionelle Fischküche
In der heimeligen 11 / Aalkate Lemkerhafen (Foto) auf Fehmarn gibt es Aal und andere Holsteiner Fisch-Klassiker – direkt im Hafen mit Blick auf die Bucht.
Tour 14 // Seite 124

Wie ein Gutsbesitzer
Benannt nach einem Pferd, gibt es in der Ole Liese auf 16 / Gut Panker bei Lütjenburg bodenständige Klassiker. Berühmt und beliebt am Nachmittag mit frisch gebackenem Kuchen.
Tour 21 ¹/₂ // Seite 218

FÜR RUHESUCHENDE

Wild lebende Tiere
Im 9 / Naturschutzgebiet Geltinger Birk finden wir immer wieder eine Möglichkeit, innezuhalten und Tiere zu beobachten. Mit Glück nähern sich die dort lebenden wilden Pferde!
Tour 9 // Seite 72

Warten auf den Schweinswal
An der schönen 12 / Solitüde an der Flensburger Förde kann durchaus passieren, dass vor dir ein kleiner Schweinswal durchs Wasser streift.
Tour 10 // Seite 84

Am Lieblingsplatz der Kaiserin
Relaxen am Lieblingsplatz einer Kaiserin? Das geht im Pavillon auf der 8 / Prinzeninsel am Großen Plöner See.
Tour 21 // Seite 206

Menschenarm
Den weiten Ostseeblick am 3 / Westermarkelsdorfer Huk, der äußersten Ecke der Insel Fehmarn, kann genießen, wer noch 500 Meter zu Fuß durchs Schutzgebiet läuft.
Tour 14 // Seite 124

DAS KRIEGST DU NICHT ALLE TAGE

RAPSBLÜTENFEST

MIDSOMMER BULLI FESTIVAL

SURF FESTIVAL FEHMARN

WIKINGERTAGE

ROCK AM STRAND

KIELER WOCHE

RUM REGATTA

KLOSTERFEST CISMAR

KAPPELNER HERINGSTAGE

Wann am besten wohin?
Die Events zu den Touren
findest du hier

EVENTS

MAI **Rapsblüte** Viele Felder Schleswig-Holsteins leuchten gelb!
alle Touren

MAI **Kappelner Heringstage** Kappeln – ein Fest für den Fisch!, von Himmelfahrt bis zum folgenden Wochenende
Tour 1

MAI **Rapsblütenfest** Petersdorf auf Fehmarn – Die gelben Felder blühen im ganzen Land, drei Tage
Tour 14

DRITTE JUNIWOCHE **Kieler Woche** Das größte Segel-Event der Welt
Tour 3, 20

WOCHENENDE NACH HIMMELFAHRT **Rum-Regatta** Flensburg – Gaffelsegler-Treffen mit historischen Schiffen
Tour 10

AUGUST **Wikingertage** Schleswig/Haithabu
Tour 11

MITTE JULI BIS MITTE AUGUST **Probsteier Korntage** Probstei – Bunte Dorffeste, Wettbewerb für die schönste Strohfigur
Tour 13

JUNI **Midsummer Bulli-Festival** Fehmarn – Großes Bullitreffen zur Sommersonnenwende
Tour 14

JULI **Festival Stars am Strand** Timmendorfer Strand
Tour 17

JULI **Rock am Strand** Eckernförde
Tour 20

AUGUST **Klosterfest Cismar** Stände von Kunsthandwerkern und Künstlern sowie Klosterführungen
Tour 15

JULI BIS SEPTEMBER **Schleswig-Holstein Musik-Festival** Besondere Klassik-Konzerte, in Landgütern, Kirchen und tollen Locations in ganz Schleswig-Holstein.
alle Touren

MAI **Surf Festival Fehmarn** Europas größte Windsurf-Outdoor-Messe mit Regatten, Musik und mehr
Tour 14

MAI **Weltfischbrötchentag** In sehr vielen Orten Schleswig-Holsteins wird dem Kulturgut „Fischbrötchen" gehuldigt.
Tour 20

PACKLISTE

GRUNDAUSSTATTUNG

- [ ] Fahrradhelm
- [ ] Radkleidung
- [ ] Radhandschuhe
- [ ] Radbrille
- [ ] Trinkflasche
- [ ] Fahrradschloss
- [ ] Handy
- [ ] Karte/Navigationsgerät
- [ ] Fahrradlicht, Ersatzakku/-batterie
- [ ] Erste-Hilfe-Set

TAGESTOUR

- [ ] Regenkleidung
- [ ] Wechselkleidung
- [ ] Reparaturset: Ersatzschlauch, Werkzeug
- [ ] Luftpumpe
- [ ] Packtaschen klein
- [ ] Verpflegung: Snacks, genügend Wasser
- [ ] evtl. wasserdichte Handyhülle

BIKEAWAYTOUR

- [ ] Zahnbürste
- [ ] Waschbeutel
- [ ] Packtaschen groß
- [ ] evtl. Zelt
- [ ] evtl. Schlafsack
- [ ] evtl. Kompass
- [ ] Handyladegerät

REISE-APOTHEKE

Pflaster & Blasenpflaster, Mückenschutz, Sonnenschutz, Zeckenkarte

RADCHECK

findest du auf
der nächsten Seite

RADCHECK

AM BESTEN nimmst du dein Fahrrad vor jeder Tour unter die Lupe, zumindest aber beim Frühjahrsputz. Darüber hinaus ist ein regelmäßiger Service bei Profis zu empfehlen.

EINFACH ERKLÄRT MIT PROFI-TIPPS

✓ Picobello: Reinigung des Fahrrads

Ein sauberes Fahrrad lebt länger und dir fallen beim Putzen Defekte auf. Daher ran an den Schwamm und die milde Seife oder den Fahrradreiniger und losgelegt! Wenn das Fahrrad getrocknet ist, mit einem sauberen Lappen Wasserränder wegpolieren. Handarbeit ist angesagt – ein Hochdruckreiniger ist tabu, da er auch Fett und Öl entfernt und Wasser in empfindliche Teile eindringen kann.

Tipp: Für verwinkelte Teile ist eine alte Zahnbürste praktisch.

✓ Pralle Geschichte: die Reifen

Um grob den Reifendruck zu überprüfen, mach die Daumenprobe: Lässt sich der Reifen mehr als 1 cm eindrücken, musst du pumpen. Angaben zu Mindest- und Maximaldruck findest du auf der Reifenflanke. Für wenig Rollwiderstand auf befestigten Straßen orientiere dich an der oberen Grenze, wenn du auf unbefestigten Wegen unterwegs bist, an der unteren. Je schmaler der Reifen und je höher das Gesamtgewicht, desto mehr Luftdruck ist nötig. Am einfachsten lassen sich die Reifen mit einer Standpumpe mit Druckmesser aufpumpen.

Tipp: Fahrradgeschäfte bieten machmal vor Ort gratis Pumpen zum Selbermessen und -aufpumpen an.

Nimm auch das Reifenprofil unter die Lupe: Entferne eventuelle Steinchen oder Scherben und halte nach Rissen oder Schnitten Ausschau. Wenn das Profil zu brüchig oder stark abgefahren ist, brauchst du einen neuen Mantel.

✓ Läuft wie geschmiert: Kette reinigen und ölen

Fürs Reinigen zuerst mit einem trockenen Tuch Kette von altem Fett und Schmutz befreien, indem du am Pedal drehst und so die Kette durch das Tuch ziehst. Den feinen Zwischenräumen kannst du wieder mit der Zahnbürste zu Leibe rücken. Danach Kettenöl, am besten biologisch abbaubares, auftragen, indem du es hinten auf die Kette träufelst, während du sie mit dem Pedal durchdrehst. Kurz einwirken lassen, dann mit einem Lappen das überschüssige Öl von der Kette abziehen.

Tipp: Hast du eine Kettenschaltung, schalte einmal alle Gänge durch, damit sich das Öl auf allen Zahnrädern verteilt.

Eine gut geölte Kette und der richtige Reifendruck machen außerdem ein E-Bike leichtgängiger, was die Akku-Reichweite erhöht.

 ### Schraube locker?

Prüfe regelmäßig die Schraubverbindungen der Steuerung (Lenker, Vorbau und Steuersatz), Laufräder, Pedale, Sattelklemmen und Anbauteile wie Schutzbleche und Gepäckträger.

Tipp: Legst du selbst Hand an, ist ein Drehmomentschlüssel am besten, damit du die Schrauben entsprechend den Drehmomentangaben für dein Fahrrad nachziehen kannst.

 ### Nichts kann dich stoppen, außer: die Bremsen

Prüfe, ob vordere und hintere Bremse einen gleichmäßig starken Druckpunkt haben. Öffne und schließe die Bremsen auch im Stand. Wenn bei hydraulischen Bremsen mehrmaliges Pumpen für einen soliden Druckpunkt erforderlich ist oder sich der Hebel bis zum Lenker durchziehen lässt, muss das System entlüftet werden. Wenn bei mechanischen Felgenbremsen die Bremsarme nicht gleichmäßig arbeiten, einstellen (lassen). Sind die Verschleißindikatoren auf den Bremsbelägen, kleine Rillen im Gummi, verschwunden, müssen die Beläge getauscht werden. Den Verschleiß von Scheibenbremsen kannst du bei relativ neuen Belägen mit einer Taschenlampe von oben durch den Schlitz im Sattel prüfen. Bei älteren und dünneren Belägen müssen die Räder zur Sichtprüfung ausgebaut werden.

Tipp: Gegen Verschmutzung und Korrosion der Bremszüge bei mechanischen Bremsen hilft ein Spritzer Teflonspray in die Enden der Außenhüllen. So gleiten die Kabel besser in ihrer Hülle.

 ### Damit dir ein Licht aufgeht: die Beleuchtung

Weil's am Abend auch schon mal später werden kann und du auch am Rückweg sichtbar sein möchtest: Sind Lichter und Reflektoren vorhanden und funktionieren sie?

Für alle mit extra Antriebskraft: Akku & Motor

Bei längerer Nichtnutzung, zum Beispiel in der Winterpause, achte darauf, dass sich der Akku nie tiefentlädt. Korrosionsspuren bei den Steckverbindungen kannst du mit einem speziellen Kontaktspray entfernen. Fallen dir Schäden am Motorgehäuse auf, am besten schnell in eine Fachwerkstatt.

Los geht's!

IMPRESSUM

© KOMPASS-Karten GmbH
Karl-Kapferer-Straße 5
A-6020 Innsbruck
www.kompass.de

1. Auflage 2023 (23.01)
Verlagsnummer 3821
ISBN 978-3-99121-917-0

Text und Fotos (soweit nicht anders angegeben): Nicole Raukamp

Titelbild: Erlebnisseebrücke in Heiligenhafen (Foto: AdobeStock – stock.adobe.com: © Jürgen Wackenhut)
Titelillustrationen: Möwe: AdobeStock – stock.adobe.com: © SimpLine

Fotos:
AdobeStock – stock.adobe.com: © Ruckszio (11), © plopart (13), © Lars Gieger (16, 77, 206), © embeki (19, 21), © mpix-foto (19 Mitte), © Thomas Francois (20), © Andrea (32, 196), © anela47 (35), © Eva Gruende-mann (40), © Daniela Knipper (48), © wideonet (51), © Jürgen Wackenhut (53, 56), © Richard Edelenbos (75 Mitte), © haiderose (80/81, 157 Mitte), © RSK Foto Schulz (89), © Alexander (97), © Frank (104, 199), © penofoto.de (107, 192), © andrzej2012 (109), © Martina Hiergesell (110), © Uwe (124, 127 Mitte), © travelpe-ter (134, 171), © Photohunter (140), © Britta Laser (141), © ralf werner froelich (144), © Александр Боев (147), © Dusan Kostic (147 Mitte), © manza (148), © egbe (149), © D. Pfleiderer (150), © Achim Wagner (151), © Jo-hann Stubhan (154), © SiRo (157), © martin (158 Mitte), © Pixel62 (159), © Biker (160), © Karsten Trampe (161), © venemama (167), © crimson (170), © spuno (174/175, 225), © hanseat (181), © Carl-Jürgen Bautsch (181 Mitte, 201, 216), © Sina Ettmer (182, 188 Mitte), © Artenex (185), © Antje Lindert-Rottke (188), © Gerhard1302 (195), © tt_pix (195 Mitte), © pia-pictures (198, 200), © fujipe (202), © olaf (222/223), © Monika Wisniewska (237), © pkazmierczak (238) , © jessicahyde (Graspapier-Hintergrund div. Seiten)

Gestaltung / Illustration – Composing / Agenten und Freunde Iris Streck München
Illustrationen: AdobeStock – stock.adobe.com: © Azar, © askaja, © mtmmarek, © svetazi, © val_iva, © www;
creativmarket: © amber&ink, © NassyArt
Miniaturen auf illustrierten Karten: Agenten und Freunde Martina Dobrindt München; AdobeStock – stock.
adobe.com: © SimpLine, © Tungalag, © val_iva, © Wirestock Creators, © zsschreiner
Grafische Herstellung: KOMPASS-Karten, Agenten und Freunde München
Karten: © KOMPASS-Karten GmbH unter Verwendung OpenStreetMap Contributors (www.openstreetmap.org)

Alle Angaben und Tourenbeschreibungen wurden nach bestem Wissen gemäß unserer derzeitigen Infor-mationslage gemacht. Die Radtouren wurden sehr sorgfältig ausgewählt und beschrieben, Schwierigkei-ten werden im Text kurz angegeben. Es können jedoch Änderungen an Wegen und im aktuellen Natur-zustand eintreten. Radfahrer und alle Kartenbenützer müssen darauf achten, dass aufgrund ständiger Veränderungen die Wegzustände bezüglich Befahrbarkeit sich nicht mit den Angaben in der Karte decken müssen. Bei der großen Fülle des bearbeiteten Materials sind daher vereinzelte Fehler und Unstimmig-keiten nicht vermeidbar. Die Verwendung dieses Führers erfolgt ausschließlich auf eigenes Risiko und auf eigene Gefahr, somit eigenverantwortlich. Eine Haftung für etwaige Unfälle oder Schäden jeder Art wird daher nicht übernommen. Für Berichtigungen und Verbesserungsvorschläge ist die Redaktion stets dank-bar: www.kompass.de/service/kontakt

Erzähl uns von deinen Abenteuern auf Instagram und Facebook mit: #folgedeinemKOMPASS

BIKE-BUCKETLIST OSTSEEKÜSTE SCHLESWIG-HOLSTEIN

WIE IM MÄRCHEN

Zwar nicht das größte, ist das 1 / Wasserschloss Glücksburg aber doch eines der märchenhaftesten und schönsten Schlösser in Schleswig-Holstein.

Tour 10 // **Seite 89**

WO DIE ZEIT STEHENBLIEB

Zu dem aus Filmen bekannten 13 / Gut Immenhof machen wir eine Reise zurück in die Kindheit der Fünfziger-, Sechzigerjahre. Heute liebevoll erneuert als Gutshotel für eine kleine Auszeit.

Tour 21 // **Seite 221**

TOUR 8

DER ÄLTESTE LEUCHTTURM

Der 9 / Leuchtturm Travemünde steht dort schon seit 1539 (und genau genommen noch 200 Jahre mehr) und ist das älteste Leuchtfeuer in ganz Deutschland.

Tour 8 // **Seite 70**

DIE KÖNIGIN DER HANSE

In Lübeck wurde das wichtigste Handelsnetzwerk Europas im Mittelalter geboren – die Hanse. Die Altstadt im Norddeutschen Backsteinbarock zwischen Holstentor und 1 / Burgtor, zeugt von der Geschäftstüchtigkeit ihrer Kaufleute.

Tour 8 // **Seite 65**

WILDE NATUR

Das 9 / Naturschutzgebiet Geltinger Birk ist mit 773 ha eine der größten und abwechslungsreichsten Schutzzonen an der Ostsee. Hier können wir sogar Wildpferde beobachten!

Tour 9 // **Seite 78**

RIESIGES REETDACH

Die größte Fachwerkscheune Deutschlands mit ihrem imposanten reetgedeckten Dach besuchen wir in 5 / Gut Hasselburg, auch ein beliebtes Musik- und Kulturzentrum.

Tour 7 // **Seite 60**